北海道【おといねっぷ】の「ざるそば」。艶めかしいほどに黒光りし、配膳と同時にそばの香りに包まれる（→P30）

北海道【流氷街道網走】の「網走ちゃんぽん」。北海道網走市と長崎県雲仙市の友好の証だ（→P44）

秋田【十文字】の「肉玉子やきそば」。豚肉と目玉焼き、そして福神漬けのチームワークが横手やきそばの王道（→P72）

山形【尾花沢】の名物メニュー「尾花沢スイ辛冷麺」。甘いスイカのように見えるのは、実は辛い調味料だった！（→P74）

つやつやのさしみコンニャクがのった、群馬【しもにた】の「ジオ蕎麦」。麺と大根をコラボさせ、斬新な食感と香りに（→P94）

茹で汁を活かした、埼玉【果樹公園あしがくぼ】の「ずりあげうどん」。各種トッピングを駆使してアレンジを楽しもう（→P100）

新潟【越後市振の関】は、新潟県にありながら富山色が強い。「ブラックラーメン」も、富山のご当地ラーメンだ（→P110）

真っ白なスープは、豆乳と地味噌で仕立てたもの。岐阜【古今伝授の里やまと】の「豆乳郡上味噌うどん」（→P124）

静岡【川根温泉】の「茶そば」は、目に鮮やかな緑色。つゆにつけずに食べれば、まぶたの裏に広大な茶畑が浮かぶ（→P128）

カニの香りにトマトの酸味を合わせた、福井【西山公園】の「カニトマトクリームパスタ」。安価なわりにボリューミーだ（→P148）

ふすまを練り込んで田舎風の風味と食感に仕上げた、**奈良【ふたかみパーク當麻】**の「當麻の家冷しうどん」（→P160）

トッピングは薬味だけ。シンプルな**島根【湯の川】**の「割子そば」は、きれいに揃えた赤い器が品格を高める（→P166）

見た目のインパクト絶大な、香川【滝宮】の「すだちうどん」。つゆに染み出る酸味を楽しんでから、スダチも皮ごと食べられる（→P184）

グラグラと沸き立つ、高知【かわうその里すさき】の「鍋焼きラーメン」。悩むのは卵の食べ方。3とおりのなかから、どれを選ぶか!?（→P200）

自然塩でやさしい味わいに仕上げた、**熊本【たのうら】**の「たのうらパスタ」。海鮮食材たっぷりで、食べごたえ満点！（→P218）

大分【きよかわ】で出会った、「皿うどん揚げ麺」。パリパリ麺とトロトロのあんが絶妙にマッチングする（→P220）

鉄道旅で「道の駅“ご当地麺”」

全国66カ所の麺ストーリー

鈴木弘毅
Suzuki Hiroki

交通新聞社新書 092

はじめに

本書を手に取っていただいたのは、道の駅ファンか、それとも鉄道ファンか。交通手段を問わない「旅人」なのか、はたまたグルメファンなのか。著者自身が楽しみでワクワクするような本が、できあがりました。

「道の駅」が産声をあげて、20年あまり。私は1994年8月に初めて出会い、その場で魅力にとりつかれました。記念すべき初訪問駅は、滋賀県の【あいの土山《つちやま》】。当時は、道の駅の何たるかも知りませんでした。街道沿いによくある、ドライブインやオートパーラーの類だろうと思っていたのです。しかし、いざ施設に足を踏み入れてみると、広いフロアに土産物がぎっしりと並べられ、土山茶の試飲コーナーがあり、制服を着て「駅長」を名乗る方までいたのです。「これはいったいどういうことだ?」と、目を白黒させたのを覚えています。

現在では全国に1000以上あり、身近な存在になった道の駅。しかしこの当時、地域の物産をこれだけ豊富に取り揃えているのは、観光名所に付随する土産物店か、碓氷峠の「おぎのや」などごく一部のマンモスドライブインだけだったのです。私はその後、主にマイカー旅行の際に、700を超える道の駅を訪問してきました。

一方、私は1995年3月に初めて姫路駅の名物「えきそば」に出会い、「駅そば」の魅力にもとりつかれました。マイカー旅行であっても、鉄道駅に乗りつけてそばをすする。これが私の旅のスタイルとして確立しました。鉄道駅構内だけでなく周辺（おおむね徒歩5分以内）の店も含めて、これまでに約２５００軒を訪問しました。こうして、道の駅と「駅そば」の両方を巡るようになったのです。

ここに至ると、「意外と、鉄道で気軽に寄れる道の駅も多いのではないか」と気づくのは必然のことでした。「気軽に」の範囲を徒歩10分として、ロードマップで全国すべての道の駅の立地を調べてみたところ、該当する施設は１３３にのぼりました（２０１6年2月8日現在）。

それまで私は、「道の駅はマイカーで行くもの」という先入観を強く持っていました。おそらくそれは、世間の通念と一致するのではないかと思います。しかし、想像を上回る数の道の駅が該当し、もしかしたら道の駅の斬新な利用法と新たな鉄道旅の楽しみを提唱することができるかもしれないと、鼻息を荒くしました。その興奮が冷めやらぬうちに企画・立案したのが本書です。

本書では、鉄道駅から徒歩10分以内に立地する道の駅のなかから、私の得意ジャンルである「麺」にスポットを当て、実際に食べてみたもののうち特に印象深かったものを紹介します。ページ数の都合もあり、本文中で紹介できたのは、対象となる駅の約半数。しかし、今回は紹介できなかった駅にも、その街ならではの魅力がありますので、訪問して損はありません。本文中で紹介できなかった駅を含め、巻末に一覧表を掲載しましたので、皆さんの鉄道旅にお役立ていただければ幸いです。

道の駅は、国土交通省各地方整備局の管理・監督のもとに、市町村または市町村に代わる公的な団体によって運営され、スタンプラリー（P25参照）も各地方整備局ごとに実施されています（ただし沖縄県は、九州地方整備局が管轄する「九州」に含まれる）。そのため、本書では各地方整備局の管轄範囲ごとに章を立てました。長野県が関東と中部に分かれている、福井県が近畿に組み込まれているなど、一般的なエリアの分け方とは異なる場合がありますので、ご注意ください。

また、お読みいただいた方がスタンプラリーに参加する場合を考慮し、各章内では都道府県順（スタンプブック掲載順）・道の駅番号順に掲載しております。各記事の見出しにある「山口09」などの記載は、道の駅番号です。スタンプラリーに参加する場合には、道の駅番号がわかったほうがスムーズです。そして本書内においては、わかりやすいように道の駅の名称をすべて【　】の体裁で記載しています（巻末資料を除く）。

なお、本書に掲載している情報は、いずれも著者取材時（２０１５年7～10月）におけるものです（価格はすべて税込み）。その後、メニューや価格等が変更される場合がありますので、ご了承ください。

それでは、ご当地グルメと地域情報の宝庫で味わう「道の駅麺」の数々を、どうぞごゆっくりお楽しみくださいませ。

鉄道旅で「道の駅〝ご当地麺〟」——目次

第2章　東北……51

第8章 四国……179

第9章　九州……207

序章

道の駅には、利用者の数だけ利用法がある！

「道の駅」は、どんなところ?

１９９３年４月に、１０３駅でスタートした道の駅。地域振興の旗手として注目を集め、20年あまりで１０７９駅にまで拡大しました（２０１６年２月８日現在）。この間、２件だけ登録抹消があった（京都府【茶処和束《わづか》】と兵庫県【山崎】）ものの、たゆむことなく数を増やしています。２０１５年の１年間だけでも、39駅が新たに登録されています。

道の駅は、国土交通省（２０００年までは建設省）により認可・登録され、道路を利用する人々に「休憩・情報発信・地域連携」の三要素を提供するための施設です。よく道の駅を利用する方は、「食事ができて、お土産を買える」というイメージをお持ちかもしれません。しかし、レストランや物産店は三要素のうちの「地域連携」に相当するもので、道の駅の構成要素のごく一部。道の駅には、「休憩」機能として24時間無料で利用できる駐車場とトイレ、「情報発信」機能として道路情報・観光情報・緊急医療情報等の提供施設、そして「地域連携」機能としてレストランや物産店のほか、各種レクリエーション施設などが設置されています。

今でこそ当たり前のことですが、黎明期には「24時間駐車場とトイレが確保されている」ということは、画期的に感じました。特に大型トラックなどはドライブインやコンビニエンスストア

秋田県【あに】の案内標識。ピクトグラムで、どのような施設があるのかを示している

の駐車場に入れず、道路の路肩に駐車して休憩をとるケースも多かったのです。これらの駐車車列が渋滞や事故を招くこともあり、交通事情に鑑みてもとても意義深いことでした。

また、道の駅はロードマップやカーナビゲーションにも掲載されていますので、行き当たりばったりではなく、あらかじめ休憩ポイントを頭に置いて長距離運転に臨めるようになりました。駐車場が終夜利用できることから、近年では、道の駅の駐車場で車中泊してドライブ旅行を楽しむ方も増えてきました。特に大型連休には、夜になるとキャンピングカーなどの「箱車」で昼間以上に混雑する場合もあります。駐車場脇の園地などにテントを張るライダーもよく見かけます。

夜間の利用者が増えるにつれ、ゴミの放置や駐車場内での焚き火・花火、騒音を伴う集会など、マナーの悪化も指摘されるようになってきました。便利で快適な施設の恩恵を将来にわたって受け続けるためにも、このような迷惑行為は慎んで、みんなが快適に利用できるようにしたいものです。

ご当地グルメが盛りだくさん

20年あまりの歴史のなかで、道の駅は進化を続けています。特に顕著だと感じるのは、飲食施設の充実です。レストランではより地域色が豊かになり、話題性あふれるメニューが多くなりました。また、着席形式のレストラン以外にもスナックフードのスタンドや屋台形式の飲食店も増え、駅によっては10を超える飲食店舗が軒を連ねることもあります。

本書では麺類に焦点を当てて道の駅グルメを紹介していきますが、

高知県【ビオスおおがた】の「カツオたたきバーガー」(300円)。生臭みがなく、上品でおいしい

山口県【うり坊の郷katamata】の「トマトソフトクリーム」(250円)。トマトジュレを使っているのが斬新

そのほかにもご当地グルメが盛りだくさんです。ハンバーガーやソフトクリーム、丼もの、カレーライスなどにもご当地色が強く表れます。物産コーナーで販売されている惣菜・弁当類も、眺めてみると結構楽しいものです。近年では、道の駅販の駅弁「道の駅弁」も知名度を上げてきています。食事のために道の駅を訪れる場合でも、いきなりレストランに直行するのではなく、スナックスタンドや物産コーナーも覗いて、少し悩むくらいのほうが、より楽しめるかもしれません。

沿岸地域では、鮮魚などを購入するとその場で捌いてお造りにしてくれる店がある駅や、購入したものを施設内のバーベキュー場で焼いて食べられる駅も現れています。食の選択肢が、とても広くなっているのです。私は、行く先々で地魚の刺し身を食べるのを楽しみにしているので、いつも刺し身醤油を携えて旅に出ています。

食べる・買う、だけじゃない

グルメ以外では、物産コーナーとともに産直コーナーを設ける駅が増えてきました。産直コーナーでは、土産物ではなく青果や精肉などをメインに販売しています。旅人はなかなか手を出しにくいのですが、眺めて歩くだけでも楽しく、何がその土地の特産物であるのかを知ることもできます。物産コーナーやレストランよりも早い時間から営業していることが多いので、特に朝一番で訪問するときにはなによりの楽しみになります。逆に、人気商品は午前中に売り切れてしまうことも多いので、目当ての品が決まっている場合には早めの時間帯に訪れることをオススメします。私は、毎年秋に産直コーナーに並ぶ地物キノコを楽しみにしています。特に長野県【雷電くるみの里】はキノコの品揃えがよいので、オススメです。

さらには、温泉入浴施設、資料館などの文化教養施設、生物などの展示施設、風光明媚な景色を眺められる展望施設など、趣向を凝らしたレクリエーション施設を設置する駅も多く、個性を際立たせています。

温泉入浴は、1日1回がせいぜいでしょう。しかし、足湯なら何回でも入れます。足湯は無料で利用できることが多いので、特に土休日には多くの利用者に喜ばれています。しかし、近頃ではマナー悪化が指摘されることも多くなってきています。足湯利用時には、場所を譲り合い、利用中の飲食は控え、必ずタオルを持参しましょう。

文化教養施設は、なにも博物館のような本格的なものばかりではなく、物産コーナーの片隅にこぢんまりと設けられているケースもあります。多くは、その土地出身の著名人にゆかりのあるものや、その土地の産業や特産物、史跡・名勝にまつわるもの。ちょっとした観光案内の要素も含まれています。さらには、史跡公園や城跡の一角に道の駅が設置されるケース、歴史的建造物

三重県【紀宝町ウミガメ公園】のウミガメ飼育施設。餌付けもできる（餌は物産コーナーで販売）

を敷地内に移築したケースなどもあります。変わったところとして、栃木県【やいた】では地元産木材を使ったモデルハウスを展示しています。

生物などの展示施設は、水槽で淡水魚などを飼育するのがポピュラーです。しかし、三重県【紀宝町ウミガメ公園】の本格的なウミガメ飼育場や、大分県【いんない】のオオサンショウウオなど、稀少な生物を無料で見学できる施設もあります。これらの施設は、休憩スポットとしてはもちろん、旅の目的地にもなり得ます。

展望施設は、海辺や丘の上、山の麓などに立地する駅に多く見られます。また、平地であっても、高層の展望塔などによって見晴ら

沖縄県【かでな】の展望テラスからは、米空軍基地（嘉手納飛行場）内の様子を眺められる

しを確保している駅もあります。展望施設はランニングコストがあまりかからず運営面の負担が少ないので、積極的に取り入れる駅が多いようです。面白いのは、青森県【十三湖高原】の展望塔。階段で上り、十三湖の眺望を楽しんだ後には、ローラー滑り台で降りることができます。遊具施設を兼ねており、子どもたちに大人気です。

このほかにも、宿泊施設やキャンプ場、ミニ遊園地、そば打ちや陶芸などの体験施設、川遊びや海水浴が楽しめる駅など、例を挙げればきりがありません。1079駅すべてに個性があるといっても過言ではないくらいに、利用者を楽しませてくれる施設が盛りだくさんなのです。

旅人たちのジャンクション

旅人同士が道の駅で出会い、アイデンティティを共有して交流が生まれることもよくあります。道の駅は、旅人たちが各地から集まり、また各地へと散ってゆく「ジャンクション」でもあるのです。今回の取材のなかでも、多くの個性的な旅人と出会えました。ごく一部だけですが、紹介しましょう。

北海道【しゃり】では、ヒッチハイクでの日本縦断旅行に挑戦している富山《とみやま》雄太《ゆうた》さんと出会いました。富山さんは8月に愛知県を出発し、日本最北端の宗谷岬を経由して、1カ月弱で知床にたどり着きました。私も何度か試みたことがあるので、ヒッチハイクの大変さはわかります。富山さんも最初は失敗続きでしたが、大学2年生のときに初めて成功し、その感動が忘れられないのだそうです。手法は、ひたすら

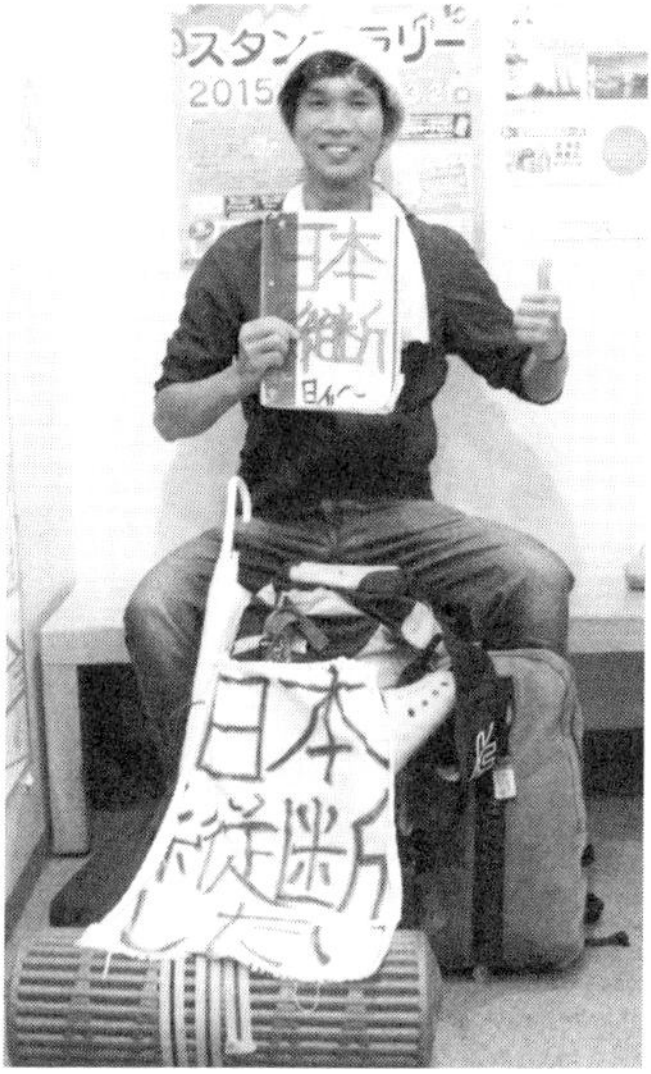

ヒッチハイクノートを手にする富山さん。ノートには、旅先で出会った人々からの応援メッセージがぎっしり

路傍に立って手を挙げるというもの。駐車車両の運転手に直接声をかけることはしません。「手を挙げて止まってくれる人に、悪い人はいない」と、豊富な経験から得たヒッチハイクの極意を語ってくれました。

岩手県【区界《くざかい》高原】に設営された日除けテントで休息していたのは、ミニバイクの「カブ」で日本一周旅行を楽しむ「西ぢま。」さんです。「西ぢま。」さんは、各地の神社を訪ねて狛犬の写真を撮り集めていました。神社を見つけるたびにバイクを止めるので、旅程はなかなか進みません。5月に熊本県を出発して、この日で92日目。日本一周を終えて熊本に帰り着くのは、12月の予定とのこと。半年以上かけて挑む、壮大なプロジェクトです。綺麗にファイリングされた狛犬の写真は遠近感を強調してあり、「阿」の像と「吽」の像で色合いを変えるなど、個性が光っていました。

真っ赤な髪がトレードマークの「西ぢま。」さん。撮り集めた写真は、行く先々で販売して旅費に充てているという

高知県【ビオスおおがた】のベンチでは、フランスから来たバックパッカーのミシェルさん（仮名）が日記をつけていました。ミシェルさんは、観光ビザの有効期間（3カ月）をフルに使って、四国の遍路道をひ

笑顔のミシェルさん。和食のなかでは、特に「smoked raw fish（カツオのタタキ？）」がおいしかったという

とりで歩いているのだそうです。1番札所を出発して、ここまで約3週間。このペースを維持できれば、2カ月で歩き切れそうです。「余裕があれば新幹線にも乗ってみたい」と、笑顔で話してくれました。そんなミシェルさんの悩みは、日本には英語を話せる人が少ないということ。観光案内所でも英語が通じない場合があるのだそうです。外国人観光客が急増している昨今、我が国が抱える喫緊の課題かもしれません。

鉄道で訪れるメリット

マイカーだけでなくヒッチハイク・バイク・徒歩など、道の駅にはさまざまな旅人が訪れます。もちろん、鉄道で巡ることもできます。鉄道で、駅から徒歩10分以内に立地する道の駅を巡るだけでも、立派な日本一周旅行が成立するでしょう。

野岩鉄道湯西川温泉駅直結の栃木県【湯西川】では、五十里湖を渡る列車を眺められる

鉄道で道の駅を巡る最大のメリットは、駐車場の空き状況を気にしなくてよいということです。土休日には、道の駅の駐車場が満車になることも珍しくありません。今回取材に訪れたなかでもっとも混雑が激しかったのは、広島県【たけはら】。NHKの朝の連続テレビ小説『マッサン』にゆかりのある土地ということもあり訪問者が多く、入場に1時間かかったという方もいました。鉄道利用なら、待つことなくスムーズに入館できます。道中の渋滞を心配する必要もありません。マイカーで夕方に訪問する場合には、渋滞に巻き込まれて「閉店までに着けるかどうか」とハラハラすることもあるでしょう。鉄道は時刻表どおりに着きますので、予定どおりに訪問できるのです。このほか、お酒を楽しめる、移動中に休息できるとい

静岡県【奥大井音戯の郷】では、大井川鐵道千頭駅構内の転車台を見学できる

ったメリットもあります。
鉄道駅の近くにある道の駅は、鉄道にまつわる見どころが多いものです。写真撮影に適したスポットもたくさんあります。道の駅を目的とする方のみならず、純粋に鉄道が好きという方も、訪問して損はないと思います。

スタンプラリーに参加しよう

鉄道駅から近い133もの道の駅を、一度に全部巡るのは難しいでしょう。それなら、エリアごとに訪問してはいかがでしょうか。たとえば、北陸に的を絞って8駅だけを訪問するのであれば、グッと現実的になります。そして、「エリア別に巡る」と考えた場合、スタンプラリーが俄然魅力的な存在になってきます。

「道の駅スタンプラリー」のスタンプブック（下段）と、各種団体が行うスタンプラリーの台紙（上段）

スタンプラリーは、各駅に設置してあるスタンプを専用のスタンプブックや台紙に押し、規定数のスタンプが集まると懸賞に応募できるというものです。スタンプラリーには、地方整備局ごとに行う「道の駅スタンプラリー」と、ほかの団体（地方自治体や観光協会など）が独自に行うものがあります。ここでは、主に前者について紹介していきます。

参加するためには、各駅の物産コーナーなどで販売しているスタンプブックを購入する必要があります。値段は地域ごとに異なり、おおむね200〜300円です（四国は無料、中国は540円）。また、ごく一部ですがスタンプブックを販売していない駅もありますので、事前に購入予定の駅に販売の有無を確認したほうが確実です。

スタンプブックを入手したら、各駅でスタンプを押していきます。スタンプブックは道の駅番号順に掲載されているので、道の駅番号を知っておくと押す場所をスムーズに探せます。ほかの用紙の切り貼りやコピーは無効になります。特に注意したいのは、各種団体のスタンプラリーを並行開催している場合があるということ。駅によっては、5～6種のスタンプが並んでいることもあります。誤ったスタンプでは無効になります（正しいスタンプを押し直せば大丈夫）ので、判断が難しい場合にはスタッフに尋ねましょう。規定数のスタンプが集まったら、スタッフに申し出て懸賞に応募します。規定スタンプ数や開催期間は、エリアごとに異なります。次ページに、2015年度に開催されたスタンプラリーの実施要領を掲載しましたので、参考にしていただければ幸いです。

また、エリアによっては、スタンプブックを持参すると飲食代の値引きなど各種特典が受けられる場合もあります。規定数のスタンプを集められなくても、特典目当てでスタンプブックを購入する手もあるでしょう。巻末資料にスタンプブック持参特典の有無を付記しましたので、こちらもご参考ください。

道の駅スタンプラリー実施要領

（概要・2015年度）

北海道	開催期間 規定スタンプ数 主な景品 応募可能口数	2015年4月18日～2016年3月21日 5駅、20駅、30駅、50駅、70駅、112駅 ポストカードセット（5駅で応募の場合） ひとり1口
東北	開催期間 規定スタンプ数 主な景品 応募可能口数	2015年4月18日～2016年1月15日 1駅＋1,000円分のレシート、5駅、40駅、70駅、142駅 特産品引換券1,000円分（5駅で応募の場合） ひとり1口
関東	開催期間 規定スタンプ数 主な景品 応募可能口数	2015年7月1日～11月30日 10駅、159駅 特産品引換券3,000円分など 2コース重複応募可能
北陸	開催期間 規定スタンプ数 主な景品 応募可能口数	2014年8月1日～2016年8月31日 30駅、50駅 特産品セット1,000円相当（30駅で応募の場合） ひとり1口
中部	開催期間 規定スタンプ数 主な景品 応募可能口数	無期限 72駅 記念品と認定証 ひとり1口
近畿	開催期間 規定スタンプ数 主な景品 応募可能口数	2013年5月1日～2016年3月31日 半数以上の駅、全駅 特産品セット1,000円相当（半数以上の駅で応募の場合） ひとり1口
中国	開催期間 規定スタンプ数 主な景品 応募可能口数	無期限 全駅 記念品と認定証 ひとり1口
四国	開催期間 規定スタンプ数 主な景品 応募可能口数	2015年7月20日～2017年7月19日 15駅、30駅、50駅 オリジナルマグネット（15駅で応募の場合） ひとり1口
九州・沖縄	開催期間 規定スタンプ数 主な景品 応募可能口数	2015年5月1日～10月31日 5駅 特産品セット ひとり4口まで（同一駅のスタンプ重複は無効）

第1章

北海道

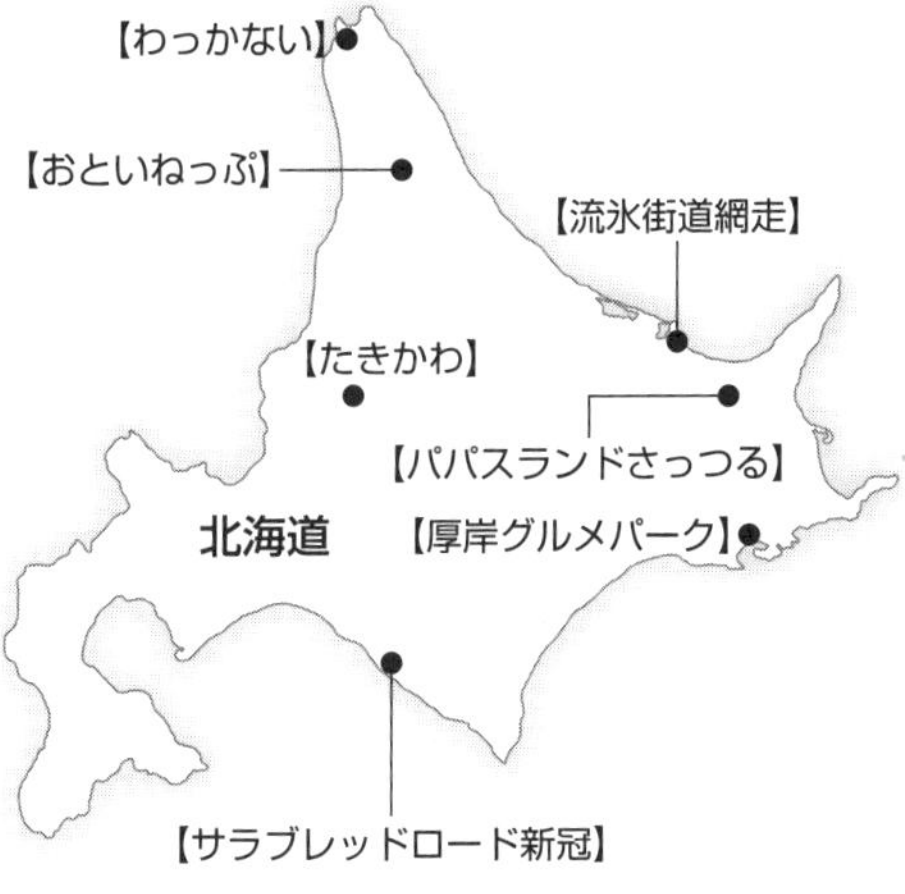
【わっかない】
【おといねっぷ】
【流氷街道網走】
【たきかわ】
【パパスランドさっつる】
北海道
【厚岸グルメパーク】
【サラブレッドロード新冠】

香りの強さがストレートな「黒いそば」

北海道12【おといねっぷ】
JR宗谷本線　音威子府駅　徒歩2分

人口は1000人にも満たない、北海道で一番小さい村・音威子府村。村域の大部分が山林で、山あいの静かな村といった佇まいなのですが、全国に誇れる特産品「音威子府そば」があります。音威子府そばは、JR音威子府駅の中にある有名な駅そば店「常盤軒《ときわけん》」でも楽しめますが、国道40号線と275号線が分岐する交差点の脇にある道の駅【おといねっぷ】内の「麺屋一ふじ」でも味わえるのです。

【おといねっぷ】は、土産物店などがあるにぎやかなイメージとは少し趣が異なります。こぢんまりとした建物内にあるのは、「麺屋一ふじ」のほかは小さな物産コーナーとトイレだけ。村の雰囲気にマッチした、のどかな道の駅です。

村内で営業するそば店のほとんどは、村内唯一の製麺所「畠山製麺」製の、甘皮ごと碾くことで真っ黒な色に仕上げる麺（巻頭カラーP1参照）を使っています。つまり、「常盤軒」と「麺屋一ふじ」では、麺は同じなのです。しかし、つゆは各店が独自に調製しているため、店ごとに味

静かで落ち着ける雰囲気。営業時間が短いので昼時に合わせて訪問しよう

わいの違いが生まれます。また、「常盤軒」は温かいそばのみの扱いですが、「麺屋一ふじ」ではざるそばも扱っています。昆布出汁の利いたつゆとのマッチングで楽しむかけそばもよいものですが、麺の香りがストレートに伝わってくるざるそばも、一度は味わっておきたい逸品です。黒光りのする麺には、熟成味を思わせるような深い味わいと、匂い立つような香りがあります。とろみのあるそば湯も、香りが強烈でした。

宗谷本線は列車の本数が少ないので、音威子府駅で途中下車すると結構な時間が空きます。便の悪さを逆手にとって、「常盤軒」と「麺屋一ふじ」を食べ比べてみるのも楽しいのではないでしょうか。

【おといねっぷ】中川郡音威子府村字音威子府155
「麺屋一ふじ」定休日／木曜・年始　営業時間／11：00〜15：00
主なメニュー／もりそば620円、ざるそば670円、かけそば570円

食べて買って、楽しんで。すべての欲求を満たす名駅

北海道16【厚岸グルメパーク】

ＪＲ根室本線　厚岸駅　徒歩5分

北海道厚岸町《あっけしちょう》は、カキの産地として有名です。鉄道ファンであれば、厚岸駅の有名駅弁「かきめし」を口にしたことがある方も多いでしょう。当然、厚岸町の道の駅【厚岸グルメパーク】にも、カキを使った麺料理があります。

厚岸駅から道の駅までは、道路を通ると大きく迂回しなければならず、10分ではたどり着けません。しかし、駅を出て左手にある跨線歩道橋を渡れば、道の駅がある丘の麓までショートカットできます。丘を上る坂道（または階段）が少々急ですが、おいしいものを食べるためと思って汗を流しましょう。

カキを使った「和風かきスパゲティー」を味わえるのは、2階にあるレストラン「エスカル」です。窓際の席に陣取れば、窓越しに厚岸の街並みや厚岸湖、さらには愛冠岬《あいかっぷみさき》まで眺めながら食事を楽しむことができます。この絶景を目にすれば、坂道を上ってきた苦労も報われるでしょう。大きな皿にこんもりと盛り付けられたスパゲティは、醤油バターをベースにした味付け。カキは、

カキが目立つように盛り付け、視覚にも強く訴える

中粒のものを7つ使用。火を通してあるので身はやや縮んで固くなっていますが、弾力のある歯ごたえと、ほのかな磯の香りを楽しめます。カキを使うと全体的に生臭くなってしまうのではないかと心配したのですが、醤油バターの旨味がカキにほどよくなじみ、生臭さが解消されていました。味付けの濃さに妙があると見受けました。ベーコンとタマネギを麺と一緒に炒めることで旨味の厚みを増し、一方では生のカイワレをのせて清涼感も演出。値段が高いだけのことはあって、なかなか奥深い一皿でした。

このほかには、ミートソーススパゲティにカキフライをトッピングした「かきフライミート」、カキと並ぶ厚岸湾の特産であるアサリを使った「あさりのボンゴレ」などがあります。また、麺類以

オイスターモカ（左）と、蒸しがき。蒸しがきは、旨味たっぷりの蒸し汁ごといただこう

外では、カキのソテー・イクラ・つぶ貝などをトッピングしたご当地丼「えもん丼」（1200円）が人気。

実は【厚岸グルメパーク】は、大手旅行雑誌が毎年実施している北海道の道の駅満足度ランキング（飲食部門）で、5年連続1位に輝く名駅中の名駅です。その秘密は、レストラン以外にも、カキをはじめとした鮮魚類を買い付けてバーベキュー方式で焼いて食べる「あぶりや」、ファストフード感覚で楽しめる「オイスターカフェ」と、用途に応じた飲食店舗がたくさんあるということ。私は、「オイスターカフェ」で「蒸しがき」（特大粒2個500円）と、厚岸産カキエキスを使ったソフトクリーム「オイスターモカ」（300円）をいただいてみました。蒸しがきには海水由来と思われるほんのりとした塩味がついていて、プルプルの舌触り。カキは、その色や含まれる栄養素から「海のミルク」と称されますが、クリーミーで濃厚な旨味もまたミルクを連想させるものでした。オイスターモカは、コーヒーの香ばしさのおかげか生臭さはなく、スッキリとした味わいでした。

食べるだけでなく、見て楽しむこともできます。「エスカル」の階上には展望台があり、潮風に吹かれながら景色を堪能できます。さらに、１階には入場無料のミニ水族館まであり、イトウをはじめとした淡水魚や、カキ養殖の様子などを見学できます。もちろん、物産店には生ものから箱詰めのお菓子まで、土産品が勢揃い。私は、道の駅は「食べる・買う」だけでなく「楽しむ」場所でもあると思っています。【厚岸グルメパーク】はこの3要素がすべて揃っており、あらゆる欲求を満たしてくれます。列車を１本遅らせてでも、じっくりと楽しみたい駅です。

ミニ水族館では、幻の魚・イトウにも出会える

【厚岸グルメパーク】厚岸郡厚岸町住の江2-2
「エスカル」定休日／月曜・年末年始　営業時間／11：00〜19：30（季節変動あり）　主なメニュー／和風かきスパゲティー1,200円、かきフライミート1,180円、あさりのボンゴレ1,080円

丼の中にレコード出現！　おろし生姜でサッパリと

北海道43【サラブレッドロード新冠】

ＪＲ日高本線　平成28年2月現在運休、バス代行運転中　**新冠駅　徒歩5分**

北海道日高地方は、全国屈指の馬産地。国道235号線沿いには競走馬の育成牧場が点在し、観光客の見学を受け入れている施設もあります。私は競馬好きですので、20代の頃にいくつか見学しました。なかでも新冠町《にいかっぷちょう》は、昭和の名馬・ハイセイコーを生んだ土地。道の駅【サラブレッドロード新冠】には、ハイセイコーの等身大銅像が設置されています。

道の駅には、物産コーナーとレストラン、ファストフードコーナー、スーパーマーケット、そして全国から集めたレコードが90万枚収蔵されている博物館「レ・コード館」（入館料300円）があります。館内では国内最大級のスピーカ・システムで音を楽しめるほか、古い蓄音機などの資料展示を閲覧できます。これにちなんで、レストラン「樹林《きりん》」では、チャーシューをレコードに見立てたオリジナルラーメン「レコードラーメン」をいただけます。

出てきてびっくり、丼を埋め尽くさんばかりの特大チャーシューが鎮座しています。直径は、20㎝くらいあるでしょうか。そしてうれしいことに、チャーシューの下には炒め野菜がたくさん

麺や炒め野菜を、巨大チャーシューが完全に覆い隠す

隠れていました。おろし生姜をトッピングしてあるのもポイント。

麺は、北海道らしく、歯ごたえの強い黄色い縮れ麺。スープは、白味噌・赤味噌・塩・醤油から選択可能。私は、一番人気の赤味噌でいただきました。やや味が濃いのですが、脂気が少なく、ショウガの清涼感が効いています。隠し味でしょうか、ほんのりとニンニクの香りも漂います。チャーシューは、比較的脂身が少なくハムのような歯ごたえがあるタイプ。全体的にサッパリとした印象で、見た目のボリューム感のわりにはサラリと完食できました。欲を言えば、炒め野菜のなかに町の特産であるピーマンが入っているとなおよかったかなと感じました。

【サラブレッドロード新冠】 新冠郡新冠町字中央町1-20
「樹林」定休日／冬季の月曜・年末年始　営業時間／10：00〜15：00
主なメニュー／レコードラーメン800円、ラーメン680円、天ぷらそば840円

自家製麺のやさしい食感に、焦げ目と醤油の香ばしさを合わせて

北海道58【たきかわ】
JR函館本線　江部乙《えべおつ》駅　徒歩10分

だだっ広い平野が広がる北海道空知地方は、穀物の生産地としても知られています。深川市は米の産地、幌加内町はソバ、そして江別市や滝川市などでは春蒔きの小麦「ハルユタカ」が栽培されています。まさに、日本の食糧庫。ハルユタカの特徴は、たんぱく質に富んで甘みがあり、加工したときにしっとりモチモチとした食感が得られること。全国的に見ると生産量は少ないのですが、特に中華麺やパンの製造業者の間で人気が高い品種です。

国道12号線沿いにある道の駅【たきかわ】には、中華料理店「福龍飯店《ふーろんはんてん》」が入店しています。道産食材を使用した料理を提供し「北のめぐみ愛食レストラン」に認定されている、地産地消に積極的に取り組んでいる店です。こだわりの自家製麺には、滝川産のハルユタカが使用されているのです。麺類はラーメン、焼きそば、そしてそば・うどんと豊富。今回は、私の大好物である「五目あんかけやきそば」をオーダーしました。

あんは、醤油味です。麺がまったく見えなくなるほどに具だくさんで、野菜のほかに豚肉も入

とろみと焦げ目のマッチングがたまらない。
アツアツなので、やけどに注意

っており、栄養バランスがとてもよい一皿です。麺は、ところどころに焦げ目がついていて、あんと絶妙にマッチする香ばしさがあります。細麺に仕立ててあり、かん水を使っていないのでしょうか、白い色をしています。食感はさほど強くなく、やさしい舌触りが印象的でした。なお、麺は「焼き」のほかに「ゆで」「揚げ」も選択可。香ばしさや食感のアクセントを重視するなら「揚げ」、麺本来のやさしい舌触りを楽しみたければ「ゆで」、両者のバランスをとるなら「焼き」がオススメでしょうか。また、塩味ベースの「海老あんかけやきそば」など、あんにもバリエーションがあります。一度食べれば、多くの方が「もう一度来よう」と思うのではないでしょうか。

【たきかわ】滝川市江部乙町東11-13-3
「福龍飯店」定休日／年末年始　営業時間／9：00～20：00（9：00～11：00は朝メニューのみ）　主なメニュー／五目あんかけやきそば860円、海老あんかけやきそば880円、五目あんかけラーメン860円

地産の小麦と長芋が躍動する、七色のわんこうどん

北海道101【パパスランドさっつる】
ＪＲ釧網本線　札弦駅　徒歩8分

うどん用の小麦として高く評価されているのは、「ＡＳＷ（オーストラリアン・スタンダード・ホワイト）」と呼ばれるオーストラリア産の混合小麦です。高名な香川県の讃岐うどんも、実は大半がＡＳＷで作られています。一方、国産小麦は、かつては１９９５年に開発された北海道の秋蒔き小麦「ホクシン」が主流でした。しかしホクシンは灰分を多く含むため、うどん麺に加工したときに黒ずみが生じることから、「国産小麦はＡＳＷよりも劣る」と考えられていました。

ところが２００６年、北見農業試験場でホクシンの後継品種「きたほなみ」が開発されました。きたほなみはホクシンに比べて発芽性や耐病性に優れているため収穫効率がよく、また含有灰分量が少ないため、うどん麺に加工したときにほぼＡＳＷに匹敵する白さが得られるのです。きたほなみは順調に普及が進み、２０１１年には日本での作付面積が小麦で第1位となりました（農林水産省調べ）。

道の駅【パパスランドさっつる】のレストラン「パパス」では、清里町産のきたほなみだけを

使ったうどんをいただけます。店内には、ガラス張りの製麺室があります。今回は稼働シーンを見られませんでしたが、店内で製麺して、打ちたてに近い状態で提供しているようです。小麦だけではありません。「パパス」では斜里岳《しゃりだけ》山麓水や清里町特産の長芋をふんだんに使っており、【たきかわ】の「福龍飯店」と同じく「北のめぐみ愛食レストラン」に認定されています。

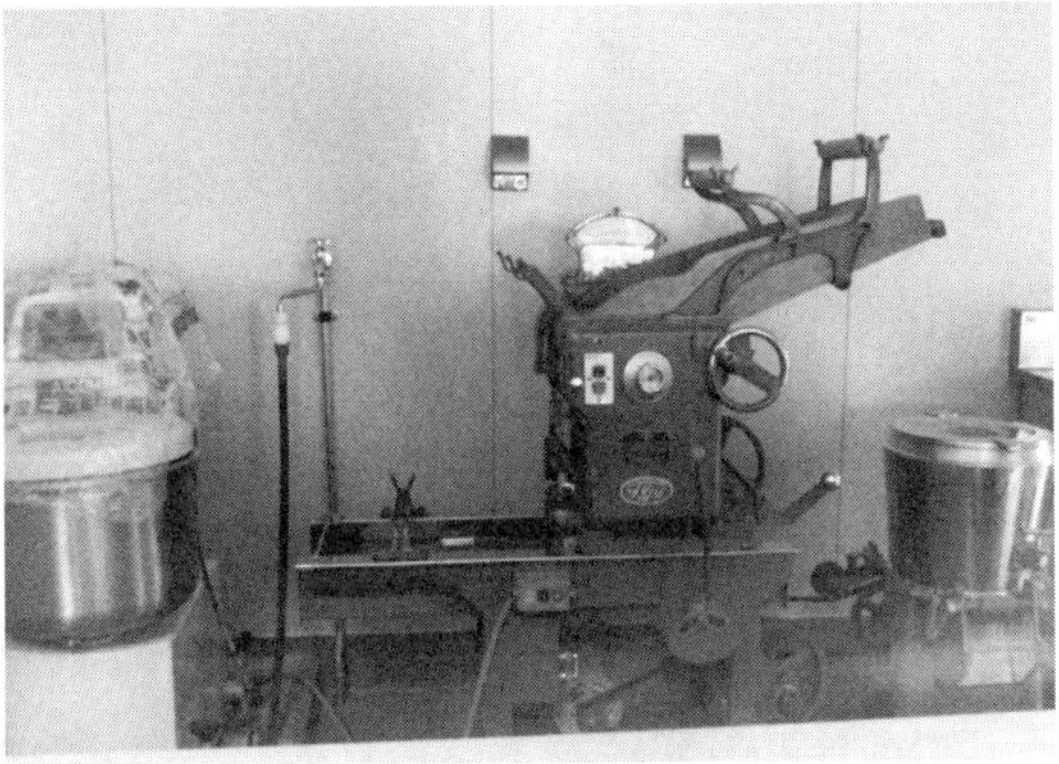
運がよければ、製麺シーンを見られるかもしれない

　うどんのレパートリーがたくさんあるなかで、ひときわ目をひくのは「オホーツク清里虹色うどん」です。メニュー名にもときめきを覚えますが、ビジュアルはなお衝撃的。トレーの上に小さなお碗が7つ、逆V字型に並んでいます。いわば「わんこうどん」のようなものなのですが、7つの碗にはそれぞれ異なるトッピングがのっています。次ページの写真左下から、竜田揚げ風の長いもカツうどん、香ばしい醤油味の長いもステーキうどん、甘辛い味付けの長いもきんぴらうどん、じっくり煮込んだ長いもカレーうどん、

盛り付けもきれいな「オホーツク清里虹色うどん」。中央の小皿は、長いもチップス

梅肉の酸味が爽やかな長いもソーメンうどん、辛さと酸味がマッチした長いもキムチうどん、そして旨味が濃厚な長いもとろろうどん。7種すべてに長芋が使われ、しかも調理法もそれぞれ異なる（カツ＝揚げる、ステーキ＝焼く、きんぴら＝炒める、カレー＝煮る、ソーメン＝和える、キムチ＝漬ける、とろろ＝擂《す》る）のです。二重三重に工夫を凝らした、たいへんな力作です。

つゆは、2種類用意されています。昆布出汁の温かいつゆと、コンソメ塩味の冷たいつゆ。カツ・ステーキ・きんぴらには温かいつゆをかけ、カレーには何もかけずに、そしてソーメン・キムチ・とろろには冷たいつゆをかけて食べるのがオススメだと店員さんが説明してくれました。

食べる順番は特に決まっていないとのことなの

で、味の濃いカレーうどんを最後にして、温かいつゆで食べるものと冷たいつゆで食べるものを交互に食べ進めました。麺は、讃岐うどんのようにうっすらと透明がかった純白色。細麺に仕立ててあり、モチモチした歯ごたえとツルツルの喉ごしをバランスよく楽しめ、とても上品です。讃岐うどんよりも、秋田の稲庭うどんに近い印象。トッピングのなかでは、私は長芋のステーキが特に印象に残りました。シャリッとした歯ごたえと、醤油をほんのりと焦がした香ばしさが食欲をかきたてます。うすくち醤油を使った温かいつゆが、香りをいっそう引き立てます。店員さんに聞くと、やはりステーキが一番人気なのだそうです。これだけ手が込んでいて、780円。量はさほど多くありませんが、手間隙を考えたら破格に安いと思います。

館内には、380円で入浴できる日帰り温泉、無料で楽しめる足湯、そして清里町出身の元スピードスケート選手・岡崎朋美さんに関する資料展示コーナーもあります。レストランや駐車場からは、斜里岳が間近に望めます。温泉には露天風呂も備わっており、皮膚に吸着するようなアルカリ泉で肌がツルツルになります。私はあまりの気持ちよさ（と安さ）にすっかり惚れてしまい、2日連続で入泉しました。ちょっと覗くだけでも充分に楽しめる、模範的な道の駅なのではないでしょうか。

【パパスランドさっつる】斜里郡清里町字神威1071
「パパス」定休日／年始　営業時間／11：00～14：00・17：00～20：00　主なメニュー／オホーツク清里虹色うどん780円、ウニのクリームうどん820円、ざるうどん650円

ちくわが結んだ南北の絆。「ご当地」ならぬ「ご両地」グルメ

北海道105【流氷街道網走】
JR釧網本線　桂台駅　徒歩8分

網走市役所のすぐ裏手、網走川の河口付近にある【流氷街道網走】。流氷観光砕氷船おーろらの発着ターミナルを兼ねており、観光バスも頻繁に出入りしてにぎわっています。

2階にある飲食コーナーでは、ご当地グルメではなく「ご両地グルメ」と銘打たれた「網走ちゃんぽん」をいただけます（巻頭カラーP1参照）。「ご両地」とは、長崎県雲仙市のご当地グルメ「小浜ちゃんぽん」とのコラボを意味します。お互いに魚肉練り製品の生産・消費が盛んな網走市と雲仙市は、2009年以来「世界一長い焼きちくわ対決」を行っており、ここから交流が生まれて網走ちゃんぽんの開発に至ったのです。

網走ちゃんぽんを名乗るには、ルールがあります。①小浜ちゃんぽんのスープを使い、具材で網走風にアレンジする。②網走市内の指定されたカマボコ業者の商品を使う。③麺は、網走市内の「竹中製麺」のちゃんぽん専用麺を使う。これらすべてを満たす必要があるのだそうです。現在、市内には網走ちゃんぽんを提供する店が12軒あります。

店内には古い映写機や蓄音機などが展示され、レトロ感を楽しみながら食事ができる

長崎ちゃんぽんのように白濁したスープは、意外なほどあっさりしていて驚きました。九州のちゃんぽんではあまり使われない大粒アサリを殻つきでのせ、その香りがスープ全体にほんのりと伝播しています。麺は、やや太めで黄色いもの。喉ごしのよい丸麺で、九州のちゃんぽん麺よりも甘みがあるように感じます。具材はアサリのほか、ホタテ貝柱・豚肉・キャベツ・タマネギ・さつま揚げ・ちくわぶ・カマボコ・揚げ玉・ネギ・紅生姜。魚肉練り製品がふんだんに使われているのも特徴でしょう。なかなかボリューミーですが、全体的にあっさり味なので、最後まで飽きずにいただけました。1日10食限定なので、確実に食べたい場合にはお早めの訪問をオススメします。

【流氷街道網走】 網走市南3条東4
「フードコートキネマ館」定休日／年末年始　営業時間／11：00～16：30、主なメニュー／網走ちゃんぽん900円、オホーツク干貝柱塩ラーメン880円、海鮮かき揚げそば700円

座って「すりみ」、立って「てんかま」

北海道114【わっかない】
ＪＲ宗谷本線　稚内駅　徒歩すぐ

日本最北端の駅・ＪＲ稚内《わっかない》駅は、２０１２年４月に新しい駅ビル「キタカラ」が全面開業し、ショッピングセンターのような駅舎に生まれ変わりました。そして翌月には、道の駅【わっかない】として登録。もちろん、日本最北端の道の駅です。

キッズルームや映画館まである大きな施設なのですが、いわゆる食事処は「ふじ田」のみ（ほかにスイーツ店やサンドイッチを扱うカフェスタンドはある）。「ふじ田」も、さほど店内が広いわけではありません。意外と、食事の需要は多くないのでしょうか。

面白いことに、「ふじ田」は店内の座席と、外の立ち食いカウンターとでメニューが分かれています（厨房は共通）。店内席は、ラーメン・丼もの・定食類がメイン。麺類としてはまず「ほたてラーメン」が目をひくのですが、オンリーワンの魅力をより強く感じた「すりみラーメン」を食べてみることにしました。メニュー名だけでは内容がよくわからないのですが、ちゃんと「ホッケのつみれ入り」と注釈してありました。待っている間、ＡＭラジオ放送の店内ＢＧＭに耳を傾けてい

日本最北端の線路は、駅舎を出てすぐ正面にある

ると、吉幾三さんの「酒よ」が流れてきました。薄い壁を隔てた厨房からは、包丁が俎を叩く音がトントントンと。ウッディで、照明を少し落とした店内は、旧駅舎の風情に似た郷愁に満ちていました。

　醤油ベースのスープは、口当たりはあっさりしているのですが、食後に余韻として残る独特な甘みがあります。ホッケの旨味が染み出しているのでしょうか。軽くとろみがあり、食後にじわじわと満足感が込み上げてくるスープでした。ホッケのつみれは、素手でちぎったのか形の整っていないもので、ふた口サイズくらいのものが7～8切。結構なボリューム感です。ふわふわとやわらかく、つみれとはんぺんの中間くらいの食感。青魚のつみれは生臭くラーメンには合わないと思うのですが、ホッケのつみれは生臭さが少ないので、見事に調和して、旨味を増

「すりみラーメン」のビジュアルはワイルドだが、食感・風味はやさしい

していました。麺は引き立て役の印象で、スープとつみれの旨味をメインに味わうラーメンだと感じました。

一方、立ち食いコーナーは、そば・うどんのみの扱い。食べているときに背後が物産店内になるので、物産店が混雑しているとちょっと落ち着かないかもしれません。しかし、旧駅舎の待合室にあった立ち食い専門の駅そば店が駅舎改築に伴って惜しまれながら閉店してしまっただけに、往時を偲んであえて立ち食いコーナーを利用する人も多そうです。

ご当地メニューとしては、「利尻昆布そば」と「てんかまそば」があります。利尻昆布そばはとろろ昆布のトッピングだと聞き、より謎めいているてんかまそばを食べてみることにしました。全体的にあっさりした味わいのそばにのっていたのは、揚げかま

立ち食いコーナーの「てんかまそば」。揚げ玉は、うれしい無料サービス

ぼこでした。見た目にはさつま揚げに似ているのですが、食べてみるとさつま揚げよりもだいぶやわらかく、これまたはんぺんに近い不思議な食感。私は初めて出会ったのですが、てんかまは北海道ではポピュラーな食材で、稚内から函館まで広く普及しているそうです。「天ぷら」と注文すると、てんかまが出てくる飲食店も少なくないのだとか。私がこれまで主に巡ってきた駅そば店では、北海道でも「天ぷら」はかき揚げを指すのが一般的だったので、ちょっと驚きました。地方の食文化にはまだまだ知らないことがたくさんありそうだと、改めて思い知りました。

【わっかない】稚内市開運2
「ふじ田」定休日／年末年始　営業時間／10：00〜19：00　主なメニュー／すりみラーメン930円、ほたてラーメン980円、利尻昆布そば480円、てんかまそば480円

Column ①

「第1号」と「発祥地」は、どう違う?

道の駅は、1993年4月の第1回登録会で103駅が同時に登録され、スタートしました。しかし、正式登録以前から実質的な「道の駅」として稼働していた鳥取県【大栄《だいえい》】には、「道の駅登録全国第一号」と刻まれた石碑が立っています。

一方、山口県【阿武町《あぶちょう》】は、「道の駅発祥の地」を謳っています。そもそも道の駅構想は、1990年1月に開かれた「中国地域まちづくり交流会」の合宿で、船方農場グループの坂本多旦代表が「道路にも駅があってもいいのではないか」と発言したことで生まれました。同席していた阿武町長が「第1号駅を阿武町に造る」と意気込み、阿武町などで先駆的に社会実験が行われるに至ったのです。つまり、構想の源流が【阿武町】にあり、最初に本格稼働したのが【大栄】ということになります。

ところが、島根県【掛谷《かけや》の里】(合宿の後、町営ドライブイン設置検討事例として見学会が行われた)や新潟県【豊栄《とよさか》】(旧建設省が初めて設置した一般道パーキングエリア)も「発祥地」を名乗っているので、事は複雑です。もちろん、公式には103駅が「第1号タイ」です。

【大栄】に鎮座する「第一号」石碑

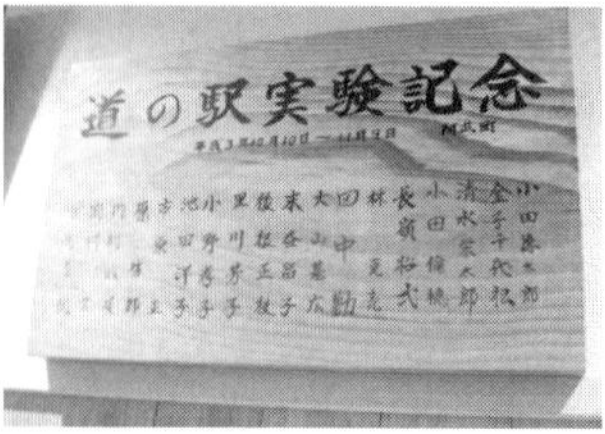

【阿武町】にある、社会実験記念プレート

第2章

東北

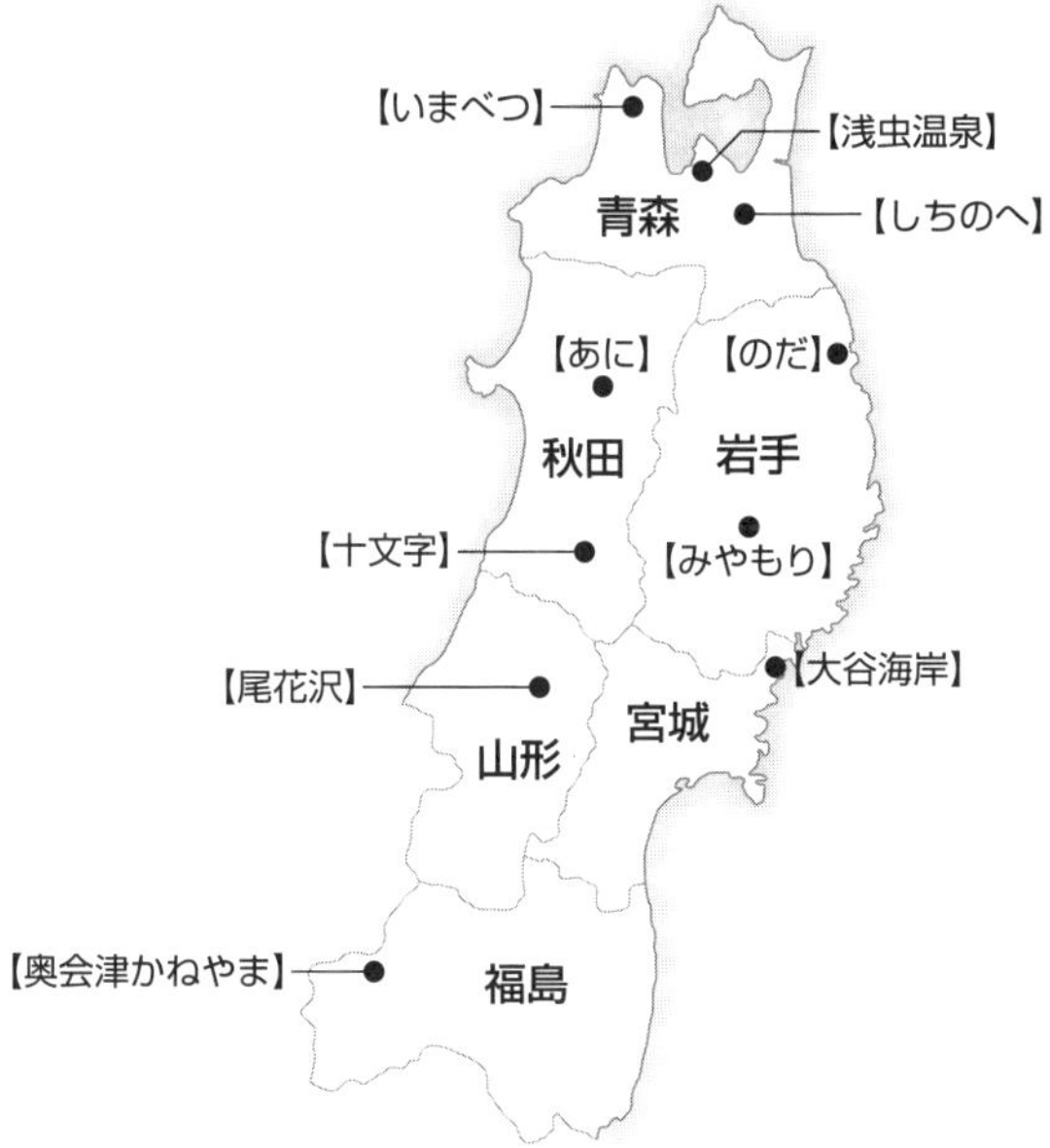
【いまべつ】
【浅虫温泉】
青森
【しちのへ】
【あに】
【のだ】
秋田
岩手
【十文字】
【みやもり】
【尾花沢】
【大谷海岸】
宮城
山形
【奥会津かねやま】
福島

コクのある味噌スープとたっぷり野菜の馬肉ラーメン

青森01【しちのへ】

東北新幹線　七戸十和田駅　徒歩5分

国道4号線沿いにある【しちのへ】は、青森県で最初に登録された道の駅。東北新幹線の新青森延伸時に近くに七戸十和田《しちのへとわだ》駅が開業し、「鉄道で巡れる道の駅」になりました（道の駅開業時には南部縦貫鉄道の営農大学校前駅が近かったが、同路線は2002年に廃止）。草創期に登録された駅は規模が小さいことが多いものですが、【しちのへ】は物産コーナーが広く、農産物の直売所も充実の品揃え。食事処も、スタンド形式のそばコーナーが2カ所と、着席スタイルのレストランがあります。1995年に訪れたときは、いかにも初期型と思わせるような、こぢんまりとした施設でした。しかし、施設老朽化のため2015年春にリニューアルオープンし、新幹線駅舎ともマッチしたモダンな施設に生まれ変わったのです。

そばコーナーも安くて魅力的なのですが、これといったご当地メニューが見当たらなかったので、レストラン「絵馬」で「馬肉ラーメン」をいただくことにしました。青森県の南部地方は馬産地として有名で、ヒカルメイジやフエアーウインといった日本ダービー優勝馬を輩出していま

馬肉は、食べごたえのある大きめサイズにカット。味噌との相性が抜群だ

す。敷地内のふれあい広場には、両馬の銅像が設置されています。

コクのある味噌スープの馬肉ラーメンには、馬肉のほか、炊いた野菜がたくさんのっています。特にゴボウの風味が強く出ていて、たとえるなら味噌味のけんちん汁でしょうか。たっぷりトッピングされる生ネギの辛味も、スープによく合っています。ゴボウの風味が馬肉の獣臭さを中和してくれるようで、全体としては獣臭さもなく食べやすい仕上がりでした。肉はしっかりと煮込んであり、適度に脂がさしていてパサつきがなく、ラム肉の香りと牛肉の旨味を合わせたような味わい。スープがよく絡む縮れ麺との相性も上々でした。

【しちのへ】上北郡七戸町字荒熊内67-94
「絵馬」定休日／12月31日、３月31日　営業時間／10：00～18：00
主なメニュー／馬肉ラーメン1,000円、東八甲田恵みのラーメン700円、東八甲田の恵み天ぷらそば650円

うどんともそばとも違う、もずくうどんの食感

青森12【いまべつ】

JR津軽線　津軽二股駅　徒歩すぐ

2016年3月26日に、いよいよ北海道新幹線が開業します。当座の終着駅となる新函館北斗駅は私の父方の故郷である大沼から近いので、すっかり寂れてしまった街並みに活気が戻るのではないかと期待しています。

新青森〜新函館北斗間には、2つの停車駅が設けられました。そのうちのひとつである奥津軽いまべつ駅は、JR津軽線の津軽二股《つがるふたまた》駅と接続するとともに、道の駅【いまべつ】を併設しています。モダンな新幹線とローカルな雰囲気満点の津軽線の風情を両方楽しめる駅なのです。私が訪れたのは2015年8月5日で、工事中のため新幹線駅舎内には立ち入れなかったのですが、新幹線ホームは在来線のJR津軽海峡線・津軽今別駅の仮設ホームに挟まれるような形で設置されているため、津軽今別駅のホームへの往来の際に、正面方向から新幹線ホームを眺めることができました。なお、津軽今別駅はこの5日後に全列車通過駅となり、新幹線開業と同時に正式に廃止となります。津軽今別駅のホームに立ち入れる最後のチャンスとあって、カメラを携えた鉄

新幹線ホームを正面から。もう二度と眺められない光景だろう

道ファンがたくさん訪れていました。

道の駅としての施設規模は、決して大きくはありません。「半島プラザアスクル」と名付けられた建物内には、こぢんまりとした物産店と、簡素なレストランがあるのみです。施設自体は新しくてきれいですが、どことなく侘しさが漂い、新幹線よりも津軽線のほうが雰囲気にマッチしているように感じました。そんななか、レストランでは、ご当地食材を使った印象深い麺類メニューを発見しました。その名も、「もずくうどん」です。

もずくうどんは、トッピングとしてモズクをのせるのではなく、麺に今別町産の乾燥モズクを練り込んだ、ヘルシーなうどんです。海藻類を使った麺類としては、つなぎにフノリを使う越後のへぎそばや、東京・神奈川県内を走る京浜急行電鉄沿線に多い駅

そばのように見える「もずくうどん」。つゆは、甘みの少ないうどん向きのものだ

そば店「えきめんや」でかつて扱っていた「かじめん」などがすぐに思い浮かぶのですが、モズクを使った麺には初めて出会いました。温・冷どちらも用意があります。真夏の暑い日だったので、冷たいうどんでいただいてみました。

麺・つゆ・薬味がワンプレートに盛り付けられたもずくうどんは、モズクがそばの星（そば殻）のように見え、また全体的にやや黒っぽい色をしています。つやつやとした光沢があるということを除けば、見た目には完全に「ざるそば」です。しかし、そば粉は使っていないので、当然ながらそばの味はしません。モズクが入っているためでしょうか、一般的なうどんのようなモチモチ食感ではなく、プリプリしています。コンニャクの弾力を少し弱めたような印象。味覚的にも、小麦の甘み・旨味はあまり感じられず、海藻の風味を強く感じました。「うどん」と名付けられてはいますが、味のイメージはだいぶ離れています。あえて言うなら、「海藻麺」という新ジャンルになるでしょうか。とても斬新で、価格も手頃なので、一度試してみる価値があると思います。私も、次に訪れるときには温かいうどんで試してみたいと思います。また、もずくうどんのほかにも、青森名物の「焼き干しラーメン」があります。ご飯ものにも、値段は張りますが「いまべつ牛ステーキ」（３０００円）など、ご当地色豊かなメニューが揃っています。小粒でもピリリとした刺激のある、山椒のような道の駅だと感じました。

津軽二股駅に停車する単行列車。奥に新幹線の架線が見えている

【いまべつ】東津軽郡今別町大字大川平字清川87-16
「半島プラザアスクル レストラン」定休日／なし　営業時間／9：00〜15：00　主なメニュー／もずくうどん500円、冷やしもずくうどん550円、焼き干しラーメン700円

温泉にグルメ、陸奥の恵みを格安で楽しむ

青森15【浅虫温泉】

青い森鉄道青い森鉄道線　浅虫温泉駅　徒歩1分

しばしば「青森の奥座敷」と称され、観光客や保養客が多く訪れる浅虫温泉。沿岸部には高層ホテルやヨットハーバーなどがありリゾート地の趣ですが、青い森鉄道の線路を挟んだ内陸側にはしっとりとした情緒のある温泉街が広がっています。道の駅【浅虫温泉】は浅虫温泉駅の正面に立地し、活気と情緒を兼ね備えた多面性が楽しい施設です。「ゆ〜さ浅虫」と「ゆ〜さ市場」、2つの建物から構成され、ゆ〜さ浅虫は5階建ての近代的なビルディングで、350円で入浴できる温泉施設やレストランなどがあります。こだわりの道の駅麺は、平屋建てで活気に満ちたゆ〜さ市場内のファストフードコーナー「わさも」で発見しました。ちなみに、「わさも」とは津軽弁で「私にも」という意味で、物などを欲しがるときに使う言葉なのだそうです。

浅虫温泉が面している陸奥湾といえば、ホタテが名物。湾岸の国道を走れば頻繁に直売所を見かける、ホタテの一大産地です。「わさも」では、大きなホタテを1枚まるごと使って天ぷらに仕立てた「ほたて天ぷらそば」を提供しています。しかも、価格はなんと420円！　ワンコイン

ワンコイン道の駅麺としては、最高レベルのコストパフォーマンスを誇る

で、豪華なご当地グルメを楽しめるのです。
ホタテは、貝柱だけでなくヒモや舌ごと揚げます。ふっくらした衣やしなっとしたタマネギのなかで、プリプリの貝柱が強烈な存在感を発揮します。貝柱自体にも特有の甘みがあり、奥行きのある味わいのつゆとのコンビネーションで、旨味がさらに増します。ほたて天ぷらの単品追加が可能であれば、2つのせたいと思うほどの絶品でした（単品追加は不可）。麺はやさしい食感の茹で麺で、脇役の印象。トッピングの域を超えて、とにかくほたて天ぷらをメインに食べるメニューでした。

【浅虫温泉】 青森市浅虫字蛍谷341-19
「わさも」定休日／なし　営業時間／9：00〜18：00（季節変動あり）
主なメニュー／ほたて天ぷらそば420円、ほたて天ぷら月見そば470円、縄文うどん320円

直煮製法の自然塩と磯の香りの贅沢コラボレーション

岩手07【のだ】

三陸鉄道北リアス線　陸中野田駅　徒歩すぐ

2011年の東日本大震災で壊滅的な被害を受けた三陸鉄道は、2014年4月に北リアス線の小本《おもと》（現・岩泉小本）～田野畑《たのはた》間で運転が再開され、全線復旧となりました。直接的な津波被害を受けた路線としては異例とも言えるほどの早期復旧でした。道の駅【のだ】は、三陸鉄道陸中野田駅に併設され、少し高い場所にあったため津波被害を免れました。和風の造りでありながら、どことなくメルヘンチックな雰囲気も漂う施設です。

2階にある「ぱあぷる」は、そば・うどん、ラーメンにご飯ものまで扱う、オールラウンドなレストランです。一番の名物は、直煮製法で作られた村特産の自然塩を使った「野田塩ラーメン」。ワンコインで食べられる手頃さも人気の秘訣です。しかし私は、写真映えするであろうという目論みもあって、野田塩ラーメンにたっぷりの魚介や海藻をトッピングした贅沢なラーメン「ぱぁぷるラーメン」を試してみることにしました。

トッピングされるのは、ワカメをはじめとしたさまざまな海藻類・カニ爪・カキ・ツブ貝・イ

見た目には海藻類の存在感が強いが、味覚的にはウニの香りも負けていない

カ・エビ・ベビーホタテ、そしてウニ。丼が大きいこともあって写真ではさほど具だくさんには見えないかもしれませんが、食べてみるとなかなかのボリューム感で、ウニや海藻から豊かな磯の香りが丼全体に染み出していました。ウニを使った三陸地方特有のお吸い物「いちご煮」に方向性が近いでしょうか。三陸地方のラーメン店で多く目にする「磯ラーメン」にも近い風味です。野田塩ラーメンも磯ラーメンも塩味であることに変わりはないのですが、塩味を上回る磯の香りを加えることで、まったく別のジャンルに転身します。築堤上を走る三陸鉄道の線路を窓越しに眺めつつ、磯の香りに車窓風景を思い描けば、鉄道旅にもいっそうの愛着が湧くのではないでしょうか。

【のだ】九戸郡野田村大字野田31-31-1
「ぱあぷる」定休日／水曜・年末年始　営業時間／11：00〜15：00、主なメニュー／ぱぁぷるラーメン1,000円、野田塩ラーメン450円、手打ちふのりそば600円（日曜限定）

今、飛び立つ銀河鉄道。丼の中に賢治の世界を想う

岩手13【みやもり】
JR釜石線　宮守駅　徒歩10分

宮沢賢治の作品は、時を経ても色あせることがなく、現在も多くのファンに愛されています。私も20代の頃に詩集『春と修羅』を読み、宇宙空間が内包する莫大なエネルギーを極小空間に閉じ込めたかのような独特な世界観に圧倒され、強烈な衝撃の余韻がいまだに体内で渦巻いています。

賢治は、その生涯を岩手県花巻市で過ごしました。そのため、花巻を中心とした岩手県中部地域を走るJR釜石線の各駅には、賢治が熱心に学んでいたエスペラント（19世紀にポーランドの医師が考案した世界共通の人工言語）による愛称が付されています。【みやもり】の最寄り駅である宮守駅のエスペラント愛称は、「ガラクシーア　カーヨ」。銀河のプラットホームという意味です。

さて、国道283号線沿いにある【みやもり】は、花巻～遠野間の貴重な休憩スポットとしてにぎわっています。私が訪れたのは8月7日で、旧暦の七夕が近かったため、施設内にはたくさんの笹が設置され、多くの利用者が願いごとを書いた短冊を吊るしていました。道の駅では、こ

めがね橋というよりは、眼鏡に見えるかもしれないが、雰囲気は充分に伝わる

のような季節感の演出もよく行われます。そのため、同じ駅でも季節を変えて訪問すると新たな発見があるものです。

　レストランは、ラーメンやそばを中心とした「銀河亭」。賢治を連想させる店名です。メニューの種類が多く、写真入りメニュー一覧の前でしばし思案。粗碾きのやぶそばを使用した「どばそば」、具だくさんのそばに地元特産の根ワサビが付く「銀河そば」なども気になるところですが、ビジュアルに一目惚れした「めがね橋ラーメン」を注文することにしました。

　10分ほどで運ばれてきたラーメンは、ピリ辛のネギ味噌ラーメンに焼き海苔とチャーシュー、輪切りの茹で卵をトッピングして眼鏡をかたどった一杯でした。見た目に可愛らしく、箸をつける前に写真を撮る人が多そうです。特に地元の特産品を使っているというわけではなさそうなのですが、実はこのビジュアルにこそ意味があります。

味が濃そうに見える味噌スープは、ピリッと刺激的な辛味はあるものの塩気はさほど強くなく、どちらかというとあっさりしています。白髪ネギのシャキシャキ食感と鮮烈な辛味が、スープによく合います。麺は、細めの縮れ麺。私は、味が濃い味噌ラーメンには太麺の方が合うと思っているのですが、この一杯に関してはスープがわりとあっさりしているので、細麺でも違和感はありませんでした。縮れ麺なので、スープがよく絡みます。全体的にあっさりしているなかにチャーシューで濃厚な旨味を加えてあり、ビジュアルに凝るだけでなく味覚的な満足もちゃんと考慮されています。

【みやもり】の裏手には、宮守川が流れています。河川敷にはきれいな芝生の園地が整備され、自由に散策を楽しむことができます。そして川辺に立てば、JR釜石線の宮守川橋梁を間近に眺めることができます。宮守川橋梁は、1915年に架けられた鉄道橋で、その後1943年に改築されて今に至っています。現在眺められるのは二代目の橋ということになるのですが、初代橋梁の石造りの橋脚が3本残っています。現在の橋は鉄筋コンクリート造りのバラストアーチ橋で、2002年に達曽部《たっそべ》川橋梁（通称「岩根橋」）とともに土木学会選奨土木遺産に認定されました。

河川敷の園地より、宮守川橋梁を望む。高いアーチが艶めかしい

宮守川橋梁は、その印象的な形状から「めがね橋」と呼ばれ、宮守のシンボルとして地元住民や鉄道ファンなどに親しまれています。夜間には、7色のライトアップも楽しめるそうです（日没から22時まで）。昼間に眺めても、今にも列車が空に舞い上がりそうな雰囲気があります。ましてや漆黒の闇の中にぼうっと浮かびあがるめがね橋を眺めれば、「銀河鉄道」の光景が鮮やかに連鎖想起され、賢治の想像とシンクロするのではないでしょうか。つまり、めがね橋へ線路が続く宮守駅は、銀河鉄道の出発地「ガラクシーア　カーヨ」なのです。

「銀河亭」のめがね橋ラーメンは、この宮守川橋梁にちなんだ一杯。ビジュアルとして酷似しているとまでは言いませんが、一杯のラーメンを通じて賢治の世界に想像をつなげてもらおうという意図を感じました。

【みやもり】遠野市宮守町下宮守30-37-1
「銀河亭」定休日／なし　営業時間／9：30～19：30　主なメニュー／めがね橋ラーメン700円、銀河そば800円、どばそば780円、わさびラーメン630円

昔も今も大好き。思いっきりえこひいきしたい道の駅

宮城05【大谷海岸】

JR気仙沼線(BRT)大谷海岸駅　徒歩すぐ

かつて【大谷《おおや》海岸】は、JR気仙沼線の大谷海岸駅に併設され、無料で見学できるマンボウ水族館がある、とても楽しい駅でした。しかし、2011年3月11日の東日本大震災に伴う大津波により、無残に破壊されてしまいました。

復興に向けた動きは、驚くほど速いものでした。同年7月に訪れたときには、プレハブの仮駅舎で売店と簡易的な飲食店の営業が始まっていたのです。このときに食べた、ほとんど具材の入っていない塩ラーメンの味は、今でも忘れられません。

それから4年が経過し、復興は着実に進んでいました。大破した旧駅舎は取り壊され、更地になりました。瓦礫もすべて除去され、BRT(バス・ラピッド・トランジット)の停留所が設けられました。BRTは、専用道路(一部一般道路を走る区間もあり)をバスで走り、鉄道並みの輸送力・定時性を確保した交通システムです。「鉄道で巡る」を主旨としている本書で扱ってよいか、異論があるかもしれませんが、鉄道の運賃体系に組み込まれており青春18きっぷ等でも乗車

チンゲン菜を綺麗に並べて高級感を演出。フカヒレは、大きなもので長さ5cmほど

できることから、鉄道と同等であると考えます。

仮駅舎も建て替えられたようで、だいぶ規模が大きくなりました。その脇には、観光情報コーナーも新たに設置されました。2011年7月当時、食堂のメニューはラーメンとカレーライスだけでしたが、現在は海鮮食材を使った丼ものや定食類なども豊富に揃え、麺類メニューもバリエーションが格段に増えました。「ビーチメモリー」という、しゃれた店名も付されました。「海鮮ラーメン」にするか「ふかひれラーメン」にするかで少々悩んだ末に、より気仙沼らしさを感じたふかひれラーメンを注文。

ルックスは、いたってシンプル。塩ラーメンの中央に煮込んだフカヒレをのせ、周りにチンゲン菜とメンマ、ネギをあしらった一杯です。

震災直後の大谷海岸駅ホームの様子（2011年5月撮影）。4階建ての駅舎は、3階まで浸水した

フカヒレは大きな姿煮ではなく、ごく小さなものをたくさん使用しています。大きな姿煮を期待するとガッカリということになりますが、値段が値段なので、当然でしょう。中華料理店などには卸すことができない小さなフカヒレではあるものの、味はれっきとしたフカヒレです。むしろ大きな姿煮がのっていたら、「人工的に作ったものでは？」と訝ることになるでしょう。口に含んで軽く転がすと細く裂け、プルプルのゼラチン質が躍り出します。甘醤油の味付けが、塩味のスープにもよく合います。味覚的にももちろん満足できたのですが、それ以上に、ご当地ラーメンを売り出せるほどに復興が進んでいたことをうれしく思いました。

震災後、私が初めて【大谷海岸】を訪れたのは、2011年5月でした。このときには、まだ街全体

現在の旧大谷海岸駅ホーム。津波の犠牲者を弔う献花台が設置されている

が瓦礫に埋もれていました。私は瓦礫撤去のボランティアとして活動し、班長も務めました。活動中、応援要請等のため別班と合流するときには、決まって【大谷海岸】がランデブーポイントになりました。国内外からやってくる初対面の有志たちと、時には肩を組んで、時には声を荒らげて口論し、時には緊急地震速報に怯え、地元の方々の「ありがとう」という励ましに身を奮い立たせたことを思い出します。

震災前から大好きだった、【大谷海岸】。街の復興に少しでも携われたことを、心から誇りに思います。今後も、さらなる復興の歩みを見守るとともに、訪れるたびにラーメンの一杯くらいは食べて応援していこうと思っています。

【大谷海岸】 気仙沼市本吉町三島94-12
「ビーチメモリー」定休日／第1第2火曜・年末年始　営業時間／10：00～16：00　主なメニュー／ふかひれラーメン1,000円、海鮮ラーメン1,000円、天ぷらそば700円　※仮営業のデータになります

まさかのマタタビ麺とどっさりフキ煮

秋田20【あに】

秋田内陸縦貫鉄道秋田内陸線　比立内《ひたちない》駅　徒歩8分

マタギの里として知られる北秋田市阿仁地区は、マタタビの特産地でもあります。マタタビというと、猫を酩酊状態にしてしまうイメージが強いですが、キウイフルーツと同科同属であり、食用できます。果実はマタタビ酸やアクチニジン、ポリガモールなどの成分を含み、冷え性改善や疲労回復などの効果があるとされています。生ではえぐみが強いため、塩漬けや味噌漬け、マタタビ酒などにして摂取するのが一般的です。

【あに】の母屋は「またたび館」という名称なので、初めて訪れる場合でもすぐにマタタビが特産なのだとわかります。レストラン「あおしし」にも、期待どおりに「またたびラーメン」がありました。私はてっきりトッピングとしてマタタビの実がのっているのかと思ったのですが、麺にマタタビの実の粉末が練り込まれているとのことでした。そのためでしょうか、細い縮れ麺にはモッチリ感がなく、ザラザラした舌触り。コシが弱く、歯切れのよい麺です。特に変わった味がするわけではありませんが、まろやかな醤油スープが麺によくのり、これはこれでおいしいも

思いのほか具だくさんだった「またたびラーメン」。やさしい味付けのフキが強く印象に残った

のでした。

もうひとつ想定外だったのは、トッピング。ワカメ・メンマ・ナルトのほかに、フキやワラビなどを炊いたものがたっぷりとのっていたのです。マタタビよりも、むしろ「フキ煮」に山里の雰囲気を強く感じました。

物産コーナーでは、マタタビの実を生で販売しています。漬物やマタタビ酒造りにチャレンジしてみるのもいいかもしれません。また、マタギの里らしくツキノワグマの爪（実物）も土産物として販売しています。大きなものは5㎝ほどもあり、襲われたらと思うと背筋に戦慄が走ります。一番大きなものは７８００円と値が張りますが、こういう商品は眺めるだけでも楽しいものです。

【あに】北秋田市阿仁比立内字家ノ後8-1外
「あおしし」定休日／冬季の火曜・年末年始　営業時間／10：00～17：00（季節変動あり）　主なメニュー／またたびラーメン700円、鍋焼きうどん800円、山菜そば650円

横手やきそばと稲庭うどんをはしごしよう

秋田26【十文字】

ＪＲ奥羽本線　十文字駅　徒歩10分

秋田・山形両県の内陸部を縦貫する国道13号線沿いにある【十文字】は、「食」が楽しい道の駅です。館内には席数豊富なフードコートがあり、４軒の飲食店がしのぎを削っています。どの店もご当地メニューが豊富で、目移りしてしまいます。迷いに迷った挙句、２軒はしごすることにしました。

まずいただいたのは、横手やきそば専門店「福龍」の「肉玉子やきそば」（巻頭カラーP２参照）。横手やきそばは、出汁入りのウスターソースで味付けをし、サニーサイドアップの目玉焼きをのせるのが定番。味が薄く（水っぽく）感じるのですが、目玉焼きの濃厚な旨味がうまくフォローしています。豚のひき肉を具材として使うのも特徴。食感が軽く、肉の旨味が麺によく絡みます。付け合わせが紅生姜ではなく福神漬けになっているのも、面白い特徴です。

一方、「三平」でいただいた「稲庭ざるうどん」は、透き通るような真っ白い麺が妖艶にすら感じます。舌触り・歯ごたえ・喉ごし、どれをとっても滑らかで、「絹のようなうどん」とはこのこ

妖艶なほどに白い色が印象的な「稲庭ざるうどん」。秋田美人のように上品なうどんだ

とだと感じました。稲庭うどんは、讃岐うどんのように包丁で切るのではなく、手延べで製麺します。2本の棒の間にあやがけして延ばすので、「ふし」と呼ばれるカーブの部分が出ます。ふしの乾麺は道の駅などで格安にて販売されているので、私は秋田へ行くたびに買い、持ち帰って食べています。しかし、こうしてレストランで稲庭うどんを食べると、食感の違いは歴然です。ふしは長さ・太さにばらつきがあるので、均整のとれた食感にならないのです。値段は少々張りますが、やはり現地のレストランで食べるのが一番おいしいと思います。

【十文字】横手市十文字町字海道下21-4
「福龍」定休日／なし　営業時間／9：00～19：00（季節変動あり）主なメニュー／肉玉子やきそば550円、ホルモンやきそば650円、海鮮イカスミやきそば700円
「三平」定休日／なし　営業時間／10：30～14：30・16：30～19：00　主なメニュー／稲庭ざるうどん780円、十文字味噌ラーメン750円、揚納豆そば900円

不思議な不思議なご当地調味料「スイ辛さん」

山形16【尾花沢】

ＪＲ奥羽本線　芦沢駅　徒歩3分

パイナップルやスイカなど、冷麺にはさまざまなフルーツがトッピングされますが、本場・韓国ではナシをのせるのが一般的です。ナシは、韓国ではたいへんポピュラーな食材で、焼肉のタレやキムチにも使います。また、韓国では冷麺は主に冬場に食べるもの（オンドル暖房で暑くなったときに体を冷ます）であるため、秋に旬を迎えるナシを使うのでしょう。一方、日本では、冷麺は夏場に人気を集めるメニューとして普及しました。夏場にはナシが出回っていませんので、各店の感性でさまざまなフルーツが使われるようになったのでしょう。

東北中央自動車道の尾花沢北インターチェンジの入口角にある【尾花沢】では、山形らしい「板そば」などのほか、ちょっと変わった「尾花沢スイ辛冷麺」（巻頭カラーP2参照）を扱っています。写真では尾花沢特産のスイカがのっているように見えますが、実はスイカではありません。スイカの形をした「スイ辛さん」というご当地調味料なのです。実の部分は、キムチの素をシャーベット状に凍らせたもの。種の部分は黒ゴマ、皮はキュウリでできています。スイ辛さん

乱切りの食感が楽しい「板そば」には、3種のお新香が付く

をそのままかじるとかなり辛く酸味も強いので、スープに溶かしながら食べ進めるのがポイントです。

麺は、尾花沢産「つや姫」の玄米米粉と尾花沢のソバ「最上早生《もがみわせ》」をブレンドし、中太に仕立てています。小麦粉と馬鈴薯でんぷんで作る盛岡冷麺と比べるとややややわらかいのですが、しっかりとエッジが立っているのでシャープな舌触りを楽しめます。トッピングは、スイ辛さん・細切りチャーシュー・茹で玉子・レタス・ワカメ・ネギ。冷やし中華のようなラインナップですが、中華麺とは一線を画す食感の麺とスイ辛さんのおかげで、「これは紛れもなく冷麺だ」と感じました。

【尾花沢】尾花沢市大字芦沢1195-1
「ねまる」定休日／1月1日　営業時間／10：00～18：30（季節変動あり）　主なメニュー／尾花沢スイ辛冷麺770円、モツ煮ラーメン720円、板そば720円

全国で金山町だけ！　オンリーワンの薬味でいただく郷土そば

福島25【奥会津かねやま】

ＪＲ只見線　会津中川駅　徒歩3分

和風の佇まいの【奥会津かねやま】は東西を山に挟まれた深い谷底地形の集落に立地し、自然の雄大さを実感できる駅です。敷地内には、県の重要文化財に指定されている「旧五十島《いがしま》家住宅」があり、内部の土間や囲炉裏などを無料で見学できます。今にも座敷童が現れそうな、しっとりとした情緒を楽しめます。

レストラン「こぶし館」の名物は、山あいの情緒たっぷりの「高遠《たかとう》そば」。高遠というと長野県伊那地方の地名ですが、高遠そばは福島県会津地方の名物になっています。ここには、ちょっと面白い経緯があります。江戸初期の信濃国高遠藩主・保科正之《ほしなまさゆき》は大のそば好きで、１６４３年に会津へ移封された際にはそば打ち職人を連れて赴任しました。彼らの打つそばは会津で評判となり、正之の出身地・高遠藩にちなんで高遠そばと呼ばれるようになりました。

一方、長野県の高遠では、そばは家庭で打つものとして普及したため、１９９０年代末頃まではほとんどそば店がありませんでした。しかし、福島県会津地方で「高遠そば」ブランドの人気

高遠そばは、モチモチ食感ではなく、プツッと噛み切る素朴な歯ごたえを楽しめる

が高まっていることを知り、2002年に会津若松市と高遠町（現・伊那市）の間で親善交流が生まれました。高遠町では飲食店主らによって「高遠そばの会」が組織され、会津のそば店の支援を受けつつ地域活性化が促進されていきました。約400年の時を経て、高遠そばは故郷に逆輸入されたのです。

江戸初期に醤油や鰹節が普及したことによって、現在のような醤油ベースのそばつゆが広まりましたが、それ以前は大根おろしと焼き味噌で食べるのが一般的でした。会津地方ではこの古い風習が受け継がれ、今でも大根おろしやおろし汁がよく用いられます。「こぶし館」でも、大根おろしを使ったメニューのみを高遠そばと称し、使わないメニューは「ざるそば」「とろろそば」などとして「高遠」を入れていません。

雪の結晶のように美しいアザキ大根の大根おろし

大根おろしにも、妙があります。「こぶし館」では、金山町の太郎布《たらぶ》高原にしか自生していない貴重なアザキ大根を使用しているのです（野生種を有機栽培したものを使用）。アザキ大根は辛みが強いのですが、粗めにおろしてあるため揮発性は低く、また比較的水分が少ないのでつゆが水っぽくなることもありません。爽やかな辛味が口から鼻へツンと抜けるとともに、ほどよい苦味がほろっと口内を周遊します。

プリプリな食感のそばは、厳選した高原玄そばを１００％使用しているそうです。そばの香りは大根おろしにだいぶかき消されるように感じましたが、喉ごしがとてもよいそばでした。ゆっくり味わうつもりでしたが、夢中になって箸を動かし、あっという間に食べきってしまいました。

【奥会津かねやま】大沼郡金山町大字中川字上居平949-8
「こぶし館」定休日／年末年始　営業時間／11：00～15：00　主なメニュー／アザキ大根高遠そば800円、冷し高遠どんぶりそば850円、むかしそば700円

第3章

関東

【どまんなかたぬま】
【月夜野矢瀬親水公園】
【奥久慈だいご】
【白馬】
長野
群馬
【日光】
栃木
【しもにた】
茨城
【ちちぶ】
埼玉
【果樹公園あしがくぼ】

筋肉質な奥久慈しゃもをカレーと合わせてまろやかに

茨城05【奥久慈だいご】
ＪＲ水郡線　常陸大子駅　徒歩10分

常陸大子駅から【奥久慈だいご】へ向かって商店街を歩くと、頻繁に「奥久慈しゃも」と書かれた看板や幟などを目にします。大子町はシャモの養鶏が盛んな街なのだと、すぐにわかります。シャモは漢字で「軍鶏」と書き、もともとは食用ではなく闘鶏専用の品種です。しかし、古くから食用の習慣もあり、特に江戸末期には「軍鶏鍋」が大流行したといわれています。奥久慈しゃもは、茨城県養鶏試験場が品種改良の末に生み出した地鶏で、脂肪が少なく歯ごたえが強いのが特徴。全国区で行われる地鶏品評会で1位に輝いたこともあるそうです。なお、シャモの語源は「シャム」、つまり現在のタイ王国であり、江戸初期にタイから輸入されたと伝えられています。

【奥久慈だいご】の食堂にも、シャモを使ったメニューがいくつかありました。シャモは身が締まっていて肉が固いと聞いていたので、食べやすそうな「しゃもカレーうどん」をいただいてみました。使われている肉は、胸肉でしょうか。想像していたとおりに、固くややパサつきのある肉でした。口当たりはサッパリしているのですが、噛むほどに味が染み出てくる深みがあります。

白髪ネギのシャキシャキ感がよいアクセントになっている

茹でたものを軽くあぶってあるのか、香ばしさも感じました。カレーに埋もれて写真では見えませんが、ひと口大のブロック肉が8切れのっており、食べごたえがあります。まろやかなカレーと合わせるのは、うなずける工夫です。「しゃも天そば」も、天ぷらにすることで食べやすく工夫したものなのでしょう。

うどんは、モチモチした食感の太麺。勢いよくすするとカレーの飛沫が飛び散るので、すすらずに噛み切りながら食べ進めるとよいでしょう。カレーは独特な酸味のあるもので、同じく酸味のあるうどん出汁とよくマッチしていました。

【奥久慈だいご】久慈郡大子町大字池田2830-1
「食堂」定休日／第１第３月曜日・１月１日　営業時間／11：00～18：00　主なメニュー／しゃもカレーうどん850円、しゃも天そば950円、つけけんちんうどん800円

見た目にも愛嬌抜群！　耳の形をした郷土うどん

栃木09【どまんなかたぬま】
東武鉄道佐野線　吉水駅　徒歩10分

見通しのよい交差点の角にあり、佐野市の市街地からも近い【どまんなかたぬま】は、いつ行っても混雑が激しい道の駅です。昼時前後には、駐車場は常時満車。隣接する広大な臨時駐車場も、空きを探すのがたいへんなほどです。しかし、鉄道で訪問すればそのような心配もありません。吉水駅から徒歩10分で、サッと入館できます。

なぜ、これほどまでに集客力があるのでしょうか。ひとつには、子ども向け遊具や無料の足湯などがあり、家族連れが多く訪れるということがあります。また、物産店や産直コーナーの品数が豊富で、地元住民が日常的に利用しているということもあります。さらに、道の駅としては珍しく、チャージが可能な独自の電子マネー「どまんなかカード」を導入していることも、集客につながっているかもしれません。そして最大のポイントは、食事処や屋台形式の飲食店などがたくさんあり、飲食目的での利用者が多いということです。

そのなかでご当地麺類メニューがあったのは、セルフサービス形式のレストラン「はなみずき」

正月料理だけあって、見た目にもとても上品。すすらずに食べられるので、特に女性に喜ばれそうだ

です。ちょうど訪問が昼時だったこともあり、こちらも大盛況でした。テーブル席は、相席になることも多いです。グループでの利用の場合は、少々待つ覚悟が必要でしょう。私は幸いにもひとりでの利用でしたので、すぐにカウンター席を確保することができました。

栃木県佐野市の一部地域には、「耳うどん」と呼ばれる個性的な郷土料理があります。長方形の麺を折り曲げ、人間の耳のような形に整えてから茹で、温かいつゆで食べます。次ページの写真では複雑に折り込まれているように見えるかもしれませんが、長辺を折り合わせて角と角を重ねるだけでこの形になります。耳うどんの発祥は江戸時代末期頃で、大正時代以降は「悪い神様の耳を食べれば厄払いになる」と考えられるようになった

形は、人間の耳そのもの。ワンタンを連想させる形状だが、食感・風味がまったく異なる

そうです。個人的には、すすらずに食べることができ、つゆがよく絡んでおいしいためこの形になったのではないかと推察します。地元では正月に食べる習わしがありますが、「はなみずき」では通年扱っています。

耳うどんは、しばしば「すいとんに近い」と評されます。しかし、塊ではなく面状に伸ばしてあるため、私はどちらかというときしめんやひもかわに近い印象を受けました。北関東地方には、埼玉県鴻巣《こうのす》市の川幅うどん、群馬県桐生《きりゅう》市のひもかわ、群馬・埼玉のおっきりこみなど、幅広の麺に仕立てた郷土うどんがたくさんあります。耳うどんも、舌触りがザラザラしている点などが異なるものの、これらと同属の郷土うどんであると考えてよいのではないでしょう

無料の足湯がある道の駅も多い。足湯を巡る旅も楽しいかもしれない

か。具材は、細く裂いた鶏肉・山菜・カマボコ・ネギ。雑煮のような食材の組み合わせで、正月料理であることが実感できます。つゆは、酸味・雑味が少なく、スッキリと飲みやすいカツオ出汁。味醂で味を調えているのでしょうか、ほどよい甘みを感じました。

メニューには、鍋焼きの耳うどんもあります。こちらはじっくり煮込むうどんなので、山梨のほうとうに近い料理になるのでしょう。幅広なだけでなく厚みもある麺なので、鍋焼きにしても煮崩れせず、味が染みておいしいのではないかと思います。特に寒い冬場に食べたら格別でしょう。また、物産コーナーでは生の耳うどんを販売しています。家庭でも気軽にチャレンジできますので、正月の雑煮などにいかがでしょうか。

【どまんなかたぬま】佐野市吉水町366-2
「はなみずき」定休日／水曜・年始　営業時間／9：30〜19：00　主なメニュー／耳うどん950円、鍋焼き耳うどん1,500円、名物青竹打ち佐野ラーメン600円

切れ味鋭い二八そばをワイルドな熊肉のつけ汁で

栃木23【日光】

JR日光線　今市駅　徒歩6分

2015年4月、関東屈指の観光地である日光市の中心市街地に、【日光】がオープンしました。国道119号線は交通量が多いわりに道幅が狭いので、道路事情は大丈夫だろうかと心配しました。しかし、入場専用車線を設け、近隣に混雑時専用の臨時駐車場を設置するなどの対策が講じられていたこともあり、大きな混乱は回避できているようでした。市街地にあるため、鉄道でのアクセスも容易です。JRだけでなく、東武日光線の下今市駅からでも徒歩6分ほどです。

施設内には、物産コーナーやレストランがあるだけでなく、日光市出身の作曲家・船村徹さんの功績をたたえた記念館（入館料540円）や「今市屋台まつり」で街を彩る屋台の展示コーナー（見学無料）などがあり、楽しみが多い駅です。今市屋台は、彫刻屋台6台と花屋台4台の計10台があり、このうち2台が常時展示されています（定期的に入れ替わる）。私が訪れたときには、小倉町一・二丁目の屋台と住吉町の屋台が展示されていました。どちらも彫刻屋台で、日光東照宮の有名な彫刻に勝るとも劣らない、きめ細かな彫刻が隅々にまで施されていました。これは一見

小倉町一・二丁目の彫刻屋台。全体に彫刻が施されている

の価値ありです。

道の駅麺は、そば処「蕎粋庵《きょうすいあん》」で探訪します。店頭掲示のメニューを見て「炭そば合せ」の絵面が面白いと思ったのですが、残念ながらこの日はすでに完売。改めてお品書きを見直し、「熊せいろそば」を食べてみることにしました。ちなみに炭そば合せは、通常のそばとオリジナルの炭そばを両方盛りつけたもの。真っ黒な炭そばが見た目に楽しく、味覚的にも2種類のそばを楽しめるので、人気が高いようです。

運ばれてきた熊せいろそばは、のっけから強烈な獣の臭いが鼻を突くものでした。温かいつけ汁に、ひと口大の白ネギと一緒にブロック状の熊肉がたくさん入っています。そしてそばのほかに煮物の小鉢、お新香、薬味（大根おろしとネギ）、デザートのゼリーがセットになっていました。想像を超える獣臭さに、一瞬箸をつけるのを躊躇しましたが、意を決してひと口。ところが、これが意外においしかったのです。

豪華でワイルドな「熊せいろそば」だが、麺の香りはとても上品

最大の秘訣は、そばの香りにあります。麺に星のあるそばは二八（そば8割・小麦粉2割）で打っており、香りが強いだけでなく適度なコシがあり、熊肉のつけ汁に浸しても主役の座を譲らない存在感があったのです。まさに、香りが立っている麺でした。あまりのおいしさに驚き、4分の1くらいはつけ汁につけずにそのまま食べてしまいました。店員さんに尋ねると、ちょうど新そばを打ち始めた時期（訪問は10月）なので香りがよく、十割で打つよりも二八の方が香りが際立つのだと教えてくれました。香りが強いという点では北海道の【おといねっぷ】でいただいた「ざるそば」（P30参照）も同じですが、香りの種類がまったく異なります。音威子府そばは熟成味を含んでふわっと広がる香りであるのに対し、日光のそばは

鋭くツンと香るものでした。端的に言えば、音威子府そばは「コク」、日光のそばは「キレ」です。

熊肉のほうも、慣れてくるとそれほどきつい香りだとは感じなくなってきます。甘みが強くまろやかなつゆにもよく合っています。じっくり煮込んであるのでやわらかく、食感としても食べやすいものでした。どうしても臭いが受け入れられない場合には、薬味の大根おろしを加えることで中和できます。そして不思議なことに、そば湯を足すとまた獣臭さが戻ります。ただ、そば湯を足すとそばのつけ汁としては薄いものになってしまうので、薬味の使い方は慎重に考える必要があります。最初に全部投入するのは問題外。まずは薬味なしで食べてみて、臭いが気になる場合に少しずつ加えていくのがベストでしょう。

最後にもうひとつ、サプライズが待ち受けていました。それは、デザートのゼリー。真っ黒な色でホイップクリームがのっていることから、コーヒーゼリーだろうと思っていたのですが、食べてみると炭ゼリーでした。しかも、寒天のようないわゆるゼリー食感ではなく、弾力の強いわらび餅のような食感。最後の最後まで驚かせてくれる、印象深い道の駅麺でした。

【日光】日光市今市719-1
「蕎粋庵」定休日／第３火曜　営業時間／11：00～19：00　主なメニュー／熊せいろそば1,600円、炭そば合せ850円、日光ひたしそば1,150円

想定外の山盛り天ぷら。山里の恵みを心ゆくまで

群馬13【月夜野矢瀬親水公園】
上越新幹線　上毛高原駅　徒歩10分

上毛高原駅のロータリー出口からまっすぐに坂道を下りていくと、右手に【月夜野矢瀬親水公園】があります。正面入口まで回ると10分を超えてしまうかもしれませんが、坂の途中に駐車場へ降りる階段があり、こちらを経由することで少しショートカットできます。ただし、訪問時には階段脇にスズメバチの巣がある旨の立札が立っていましたので、少々注意が必要です。

メイン施設は、物産・産直コーナーと軽食処がある「月夜野はーべすと」。規模はさほど大きくありませんが、施設周辺一帯が親水公園として整備されており、利根川のせせらぎを眺めながらの散策が楽しい駅です。園内には縄文時代後期の集落跡「矢瀬遺跡」があり、復元された竪穴式住居などを無料で見学できます。一部の竪穴式住居は内部に入ることもできます。私は遺跡巡りも好きで、これまでに佐賀県の吉野ヶ里遺跡や青森県の三内丸山遺跡などを見学してきました。これらはいずれも広大な敷地を有し、住居と住居の間隔が広いものでした。全体を見て回るのに、半日はかかります。しかし矢瀬遺跡は、狭い範囲に住居跡が集中しています。山あいの狭隘な土

竪穴式住居のほか、高床式の倉庫も復元されている

地だということもあるのでしょうが、これだけ密集している遺跡は珍しいのではないかと思います。数十分で見て回ることができますので、立ち寄り観光に最適です。

道の駅麺は、軽食処でいただけます。物産・産直コーナーとの間に間仕切りがなく、目隠しにすらなっていない暖簾が掛かっているだけの簡素な造り。この見た目から、私は立ち食いそばのような感覚で利用したのですが、意外にも手の込んだ一杯が登場しました。

注文したのは、群馬・新潟の特産として名高いマイタケを使った「舞茸天ぷらうどん」。うどんは温・冷から選べるとのことで、温かいうどんを選択しました。オープンを待っての入店だったため、私はこの日の一番客。注文時に「少々お時間かかりますが」と言われました。まだお湯が沸いていないなど準備中だったのかなと思いましたが、どうやらそうではないようです。

提供されたのは、かけうどんと、別皿にこんもりと盛られた天ぷらの山でした。これは、舞茸

2人で訪れる場合には、「舞茸天ぷらうどん＋かけうどん」として天ぷらをシェアする手もある

天ぷらというよりも、天ぷらの盛り合わせです。これだけの量の天ぷらをひとつひとつ丁寧に揚げていたので、時間がかかったのでしょう。天ぷらはマイタケのほか、タマネギ中心のかき揚げ、シシトウ（2つ）、ナス、カボチャ。見事に山や里のものだけで構成されていました。揚げたてなので、どれもアッアツサクサクでたいへんおいしいものでした。マイタケは、食べやすいサイズに裂いたものが2つ。衣のサクサク感とは裏腹にプリッとした食感が印象的で、マイタケ特有の強い香りも存分に楽しめました。うどんにトッピングしてもよいのですが、量が多いので大半は単独でいただきました。受渡口に塩が用意されているので、必要に応じて使うとよいでしょう。

衣は厚すぎず、薄すぎず。サクサク食感と食材本来の食感のバランスがよい

うどんは、地粉を使用した手打ち麺なのだそうです。少し茶色がかって見える麺で、香ばしい風味がするうどんでした。群馬県では「さとのそら」「きぬの波」といった県育成品種の小麦が主に栽培されており、いずれも茶色味を帯びているのが特徴です。私が食べた一杯も、群馬県らしい茶色っぽいうどんでした。地粉を使ったうどん麺は、物産店内でも販売しています。ちなみに、群馬県の小麦生産量は全国第4位。北関東では古くからうどんが愛好されているということが、データにも裏付けされています。

山里の雰囲気満点のうどんや天ぷら、利根川のせせらぎ、そして矢瀬遺跡。休憩がてら小一時間を過ごすのに最適な駅です。無休のバーベキュースペース（鉄板等の有料レンタルあり）を利用すれば、一日過ごすこともできそうです。

【月夜野矢瀬親水公園】利根郡みなかみ町月夜野2936
「月夜野はーべすと」定休日／年末年始　営業時間／10：00～15：00（季節変動あり）　主なメニュー／舞茸天ぷらうどん800円、カレーうどん700円、醤油ラーメン500円

そばと大根を地層に見立てた、前衛的な道の駅麺

群馬16【しもにた】

上信電鉄上信線　千平《せんだいら》駅　徒歩10分

下仁田町はネギやコンニャクが特産の街。中庭がありドーナツのような面白い形をした【しもにた】にはご当地ラーメンの「下仁田ネギらーめん」があると聞いて期待していたものの、残念ながら扱いを終了していました。しかし、その一方で珍メニューの「ジオ蕎麦」（巻頭カラーP3参照）を発見、喜び勇んでレストラン「おれんぢ」に入店しました。

ジオ蕎麦は、一見すると何ら変哲のないざるそばです。しかし、実は麺と千切り大根を和え、独特な食感と清涼感を加えた一皿でした。大根が水分を多く含むため、全体的に多少水っぽい印象にはなりますが、ざるそばなのにシャリシャリする独特な歯触りが楽しいメニューです。千切り大根は丁寧に水にさらして辛味を抜いているのでしょうか、鼻に抜けるような辛味はなく薬味の香りとけんかすることもありません。これは面白いアイデア麺です。

加えて、下仁田特産のさしみコンニャクが3枚添えられます。コンニャクイモの香りを濃厚に感じるもので、プルプルとしたゼリーのような食感。もちろん麺が主役のメニューではあるので

そば・うどん・ラーメンのほか、定食類も扱っている

すが、味覚的には麺以上の存在感がありました。下仁田特産の食材を使ったメニューが販売終了して落胆していただけに、とりわけうれしいサプライズでした。

なお、メニュー名の「ジオ」は、下仁田ジオパークに由来しています。ジオパークとは、地球科学的な価値を持つ遺産のこと。下仁田町には、世界的に高く評価されている地質学資源が豊富にあるのです。これにちなんで、そばと千切り大根を絡めることで地層をイメージしているのだそうです。語感がよいので、将来的には「そば+千切り大根」の組み合わせが一般名称として「ジオ蕎麦」と呼ばれるようになる日が、もしかしたらやってくるかもしれません。

【しもにた】甘楽郡下仁田町馬山3766-11
「おれんぢ」定休日／不定休　営業時間／11：00～18：00　主なメニュー／ジオ蕎麦750円、にんにく醤油らーめん700円、ネギ味噌らーめん750円

気候と水が生んだ郷土そばを、ビターな大人のタレで

埼玉12【ちちぶ】

秩父鉄道秩父本線　秩父駅　徒歩5分

国道140号線沿い、秩父市の市街地のなかに【ちちぶ】があります。武甲山の眺望がよい駅で、「ちちぶの水」汲み場があり、大きなポリタンクを持参する人の姿も多く見られます。利用者が多く、また隣接する商業施設と出入口が共通になっているため、出入口の交差点がやや混雑傾向。駐車場内には、時間帯によっては出場に1時間程度を要する場合もある旨の看板が出ています。しかし、鉄道で巡ればそのような心配はありません。

埼玉県秩父地方は、古くからソバの名産地として知られています。ソバは、昼と夜の寒暖差、そして夏と冬の寒暖差が大きい気候が栽培に向いていると言われています。秩父地方は四方を山に囲まれた盆地で、この条件にピタリと当てはまります。また、荒川の源流近くに位置しており良質な水資源が豊かで、産地としてだけでなくそば打ちにも向いている土地柄なのです。現在、秩父市内には100軒を超えるそば店があり、各店がよきライバル関係を築いてお互いに切磋琢磨し、おいしいそばを提供しています。そして秩父市内に構えるそば店の有志たちによって、秩

【ちちぶ】の駐車場から武甲山を望む

父そばのおいしさを全国に向けてPRすることを目的に、「秩父そばの会」が組織されています。
秩父そばの会の活動の結晶とも言える店が、【ちちぶ】にある立ち食いそばコーナーです。立ち食い形式にすることによってコストを抑え、本格的な秩父そばをリーズナブルな価格で楽しむことができると評判になっています。
メニューは、そば・うどんとも14種類ずつ。秩父らしさを感じるものとしては、「くるみだれざるそば」と「しゃくし菜そば」があります。しゃくし菜そばは、以前に西武秩父駅併設の仲見世通りにある「近江屋」で食べたことがあります。かけそばに、野沢菜のようなシャキシャキした食感の青菜漬けをトッピングしたものです。これも魅力的なのですが、ぜひコシの強いそばをもりスタイルで食べてみたいと考え、くるみだ

「ちちぶの水」汲み場は屋外にあり、誰でも自由に利用できる

れざるそばにしました。「くるみそば」は、長野県東信地方や埼玉県秩父地方の郷土そばとして名高いもの。初体験のくるみそばでどのような風味を楽しめるのか、期待に胸が高鳴ります。

くるみだれは、見た目にはごまだれのような色合い。しかし、風味はごまだれとはまったく異なるものでした。香ばしさのなかにネットリとした甘みがあるごまだれに対し、くるみだれはサッパリした口当たりで、香ばしさとほろ苦さが特徴です。ビターな、大人の味覚だと感じました。薬味のワサビを入れることで苦味が中和されますが、同時に香ばしさまで半減してしまうので、投入は慎重に。個人的には、ワサビを一切使わずに食べた方がおいしいと思います。麺は細麺仕立てで、しっかりと締まった食感が心地よく、香りも豊か

個人的には、刻み海苔やネギも不要だと感じた一品

です。麺に星が多く見られるのも、秩父そばらしくて好印象でした。受渡口近くにそば湯が用意されており、麺を食べ終えた後でくるみだれをそば湯で割れば、最後までおいしくいただけます。そば湯で割る際にワサビを少し入れ、清涼感を増す手もあるでしょう。

くるみだれにすると、通常のざるそばよりも100円高くなります。しかし、固い殻を割って中身を取り出し、丹念にすり潰す手間を考えれば、むしろこの価格での提供を実現できていることに驚きます。自然と、頭が下がりました。

【ちちぶ】秩父市大宮4625
「秩父そばの会 立喰いコーナー」定休日／なし　営業時間／11：00～17：00　主なメニュー／くるみだれざるそば650円、しゃくし菜そば600円、もりそば500円

茹で汁から「ずり上げ」ていただく、秩父の郷土うどん

埼玉14【果樹公園あしがくぼ】
西武鉄道西武秩父線　芦ヶ久保駅　徒歩2分

首都圏から日帰りでピクニックを楽しめる二子山《ふたごやま》や伊豆ヶ岳。その玄関口となるのが、芦ヶ久保駅です。駅前が駐車場になっていることもあって広く開けており、開放感のある駅です。そして、眼下には【果樹公園あしがくぼ】を見下ろすことができます。

食事処は2つあり、「うどん・そば処」は建物の陰になっていてあまり目立たない場所にあります。しかし、名物の「ずりあげうどん」があると聞きつけてやってくるのでしょうか、昼時には次から次へとお客さんが入店し、活況を呈していました。

ずりあげうどん（巻頭カラーP3参照）は、茹でたうどんを鍋から直接、丼に取り、出汁醤油などをかけて食べるもの。鍋からうどんを「ずり上げ」て食べることから名付けられました（「ずり上げる」は秩父地方の方言で「引き上げる」の意味）。飲食店では、鍋ごと提供するわけにはいきませんので、丼に盛られて出てきます。このビジュアルだと、「湯だめうどん」のように見えるかもしれません。しかし、うどん麺が浸かっているのは白湯ではなく茹で汁。この点が、湯だめ

麺と出汁醤油をしっかり混ぜ合わせると、「伊勢うどん」（P138参照）のようなビジュアルになる

うどんとは異なります。

食べ方のポイントは、甘辛の出汁醤油を少しずつ足しながら食べるということ。最初に入れすぎると、味の調節が難しくなります。濃いと感じた場合には、うどんの茹で汁を足すことで調節。無料トッピングとして、ネギと揚げ玉、そして大根おろしが用意されています（セルフサービス形式）。また、生卵の追加（50円）がオススメとのこと。各席には、花かつお・柚子粉・すりごま・ごま油・七味が完備。味を変えながら食べ進めるのもよいでしょう。生卵は、崩して釜玉風にして食べるのがオススメです。うどん麺は、太さ・長さにばらつきのある手打ち麺。ギュッと締まった食感で、ズッシリとお腹に溜まりました。営業時間が短いので、食べるなら昼時に合わせて訪問しましょう。

【果樹公園あしがくぼ】 秩父郡横瀬町大字芦ヶ久保1915-6
「うどん・そば処」定休日／年末年始　営業時間／11：00〜14：00
主なメニュー／ずりあげうどん（並盛）500円、ずりあげうどん（大盛）600円、ざるそば650円

安全・安心のＳＰＦ豚と、香りのハーモニーを楽しむ

長野08【白馬】
ＪＲ大糸線　神城《かみしろ》駅　徒歩8分

寒冷地の道の駅は、冬場には縮小営業となるケースが多いものです。なかには、冬季は完全休業とする駅もあります。しかし、長野県白馬村にはスキー場がたくさんあるため、【白馬】は冬場も元気です。基本的に毎週火曜が定休ですが、スキー客が多く訪れる1～3月は無休になります（冬期の火曜は売店のみ営業。夏の行楽シーズンの7～10月も同様）。

レストランは、午前11時オープン。私は、余裕をもって開店の少し前に到着。しかし、館内に入るとすでにレストラン前に大行列ができていました。席数はそれなりに多いものの客数が上回り、相席に。需要に対して供給がちょっと追いついていない印象を受けます。レストランに限らず、物産店にしろ駐車場にしろ、需要の方がだいぶ上回っている印象でした。オープン時にこれだけ行列ができていると、オープン直後にオーダーが殺到することになるため、料理ができあがるまでにだいぶ時間がかかります。長く待つのを嫌うのであれば、オープン直後を外して入店するとよいかもしれません。

開店前で、すでにこの行列。人気の高さがうかがえる

ここでいただいたのは、ＳＰＦ豚の「はくばの豚」を使用した「はくばの豚南蛮そば」。ＳＰＦという言葉を聞き慣れない方も多いと思いますが、これは「Specific Pathogen Free」の略で、「特定病原体不在」という意味です。つまり、豚の品種を指すのではなく、日本ＳＰＦ豚協会が定めた基準に基づいて育てられ、特定の病気にかかっていない豚ということ。食肉としての安全性が高いだけでなく、特定の病気から隔離して飼育されているため抗生物質等の投与量が少なく、臭みの少ない高品質な豚肉として高く評価されているのだそうです。

はくばの豚南蛮そばには、厚切りのロースが2枚トッピングされていました。茹でた後に軽く焼き目をつけているようで、歯ごたえと香ばしさが印象的でした。脂身もそれなりにあるのですが、ネットリとした脂っこさは皆無。旨味が強いという感じではなく、サッパリしていて食べやすい肉質でした。一緒にトッピングされる焼き

焼きネギをのせたのが大正解。彩りとしてではなく、味覚に強く訴える

ネギとの相性が抜群です。

麺は、細めの乱切り。地粉を使った手打ち麺なのだそうです。食感がとても軽く、ザラザラした舌触りが印象的でした。そばの香りも、肉やつゆに負けずに主張してきます。わりと伸びやすい麺なので、あまり時間をかけずに食べたほうがよいかもしれません。つゆは、うすくち醤油を使って清涼感のある味わいに仕立てています。カツオ出汁が強く香るのですが、嫌な酸味はなく、舌と鼻の中間あたりに香りが長時間滞留します。そば・出汁・豚肉、そして焼きネギ。個性的な香りの四重奏がとても楽しい一杯でした。

【白馬】北安曇郡白馬村大字神城21462-1
「レストラン」定休日／火曜　営業時間／11：00～19：00　主なメニュー／はくばの豚南蛮そば900円、山菜そば850円、梅ワサビうどん850円

第4章

北陸

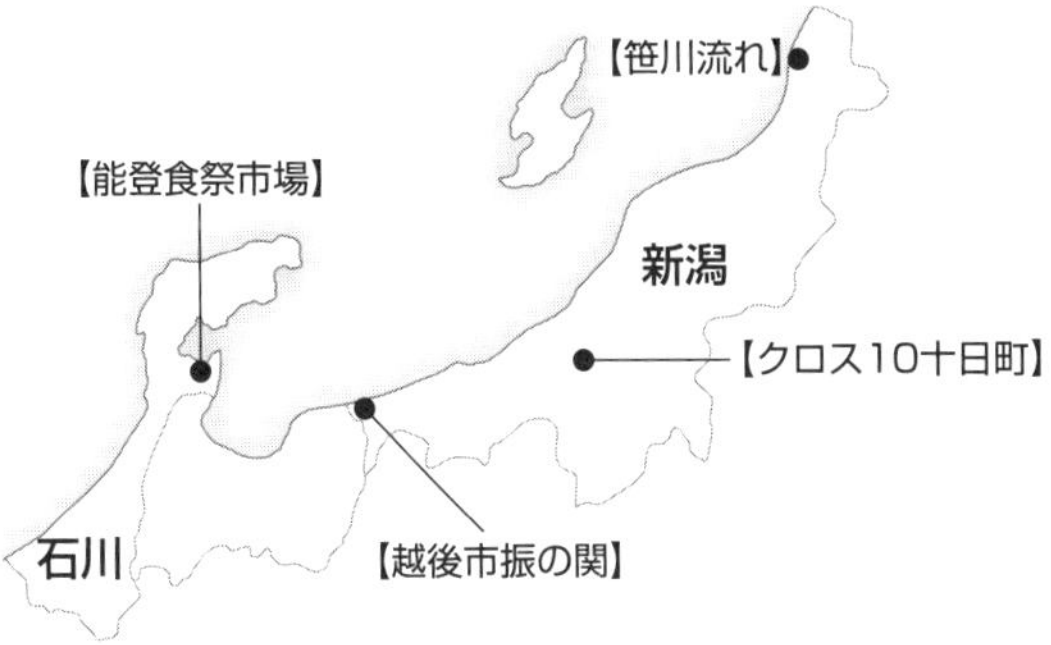
【笹川流れ】
【能登食祭市場】
新潟
【クロス10十日町】
【越後市振の関】
石川

夕陽の名所でいただく、まろやかな藻塩ラーメン

新潟11【笹川流れ】

JR羽越本線　桑川駅　徒歩すぐ

日本海沿岸には、夕陽の名所がたくさんあります。国の名勝および天然記念物に指定されている景勝地・笹川流れもそのひとつです。笹川流れは、新潟県最北部に位置する、奇岩が織りなす風景が美しい浸食海岸。断崖絶壁と狭い砂浜が交互に10㎞以上にわたって続き、岩間から望む夕陽が多くの観光客を虜にしています。沿岸部には国道345号線とJR羽越本線が並行して走っており、国道には「日本海夕日ライン」の愛称があります。また、鉄道写真の撮影地としても人気が高いエリアです。海岸美は、遊覧船で沖合から眺めることもできます（【笹川流れ】から遊覧船乗り場まで徒歩10分ほど）。私は、1999年に一度遊覧船に乗ったことがあります。当時のメモを引っぱり出してみると、「岩場と砂浜がバーコードのように見える」と記録してありました。これが、20代の感性でしょうか。

【笹川流れ】は浸食海岸の南端部にあり、JR桑川駅に併設されています。線路と海岸の間のわずかな土地に設置されているため駐車場が狭く、昼時や夕方、また土休日は満車傾向にあります。

このアングルから駅構内を眺められる場所は珍しい

また、国道345号線は道幅が狭いため駐車場出入口に右折レーンがなく、満車時には入場待ちの車で渋滞が発生することもしばしば。このような駅こそ、鉄道で巡る価値が高いと言えるでしょう。
　駅舎の2階にはサンセットテラスが、3階にはサンセット展望台があり、日没時には水平線上に沈みゆく夕陽を眺めることができます。2階から国道を渡る歩道橋に直接通じており、徒歩1分で海岸の波打ち際まで降りることができます。潮騒を間近に聞きながら夕陽を眺めるのもよいでしょう。さらに、屋上からはJR羽越本線のホームや線路も望めます。駅の跨線橋よりも高いところから眺め下ろす形になりますので、普段なかなか見ることができない光景を楽しめます。北側には笹川流れの断崖も遠望でき、東西南北どの方角を眺めても楽しめる立地です。

食事は、2階にある「夕日レストラン」で。簡素な造りでメニューもあまり多くないのですが、1日30食限定と表示されている「藻塩地のりラーメン」は、なかなか印象深いものでした。チャーシュー5枚のほかに半熟玉子（まるまる1個）・メンマ・地海苔・花形の麩がトッピングされた、塩味のラーメンです。具だくさんで、地海苔の香りが心地よいのですが、最大の特徴はスープにあります。伝統的な製法で作られた藻塩で調味されているため、あっさりしたなかにもまろやかなコクを感じるのです。藻塩は、ホンダワラという海藻を海水に浸して天日干しする作業を繰り返して塩分濃度を高め、沸騰した海水をかけて「かん水」（塩分濃度の高い水）を作り、じっくりと煮詰めて塩の結晶を取り出したもの（他の地域では異なる製法で作る場合もあるそうです）。カリウムやマグネシウムなどのミネラルを多く含み、またヨードを多く含んでいるためザラメのようなやや茶色がかった色をしています。このヨードこそ、料理に使ったときにまろやかなコクを生み出してく

歩道橋上から、笹川流れの断崖を遠望。波打ち際で遊ぶ子どもたちも多い

花形の麩は、江戸時代から伝わる岩船麩。コシが強く、食べごたえがある

れる成分なのです。藻塩は、【笹川流れ】の物産コーナーでも販売されています。

麺は、細めの縮れ麺。スープがよく絡み、藻塩のまろやかな旨味が麺を伝って這い上がってくるようにすら感じられました。「塩ラーメンはごまかしがきかない」とよく言われますが、藻塩にはごまかす必要がない旨味が宿っています。藻塩地のりラーメンは具だくさんで豪華なのですが、個人的には麺・スープ・ネギと花麩だけで食べてみたい味だと感じました。そして、一度は日没に合わせて食べてみたいと思いました。

【笹川流れ】 村上市桑川892-5
「夕日レストラン」定休日／水曜　営業時間／11：00〜19：00（季節変動あり）　主なメニュー／藻塩地のりラーメン1,000円、天然岩ガキ880円（6〜8月）、夕日丼1,800円

醤油も味噌も、ガツンと濃厚。汗を流す男のラーメン

新潟17【越後市振の関】
えちごトキめき鉄道日本海ひすいライン　市振駅　徒歩9分

北陸の大動脈・国道8号線に面した【越後市振《いちぶり》の関】は、大型トラックの利用が多い道の駅です。レストランの営業時間が長いので、立ち寄りやすい駅です。ここでは、富山のご当地ラーメンを2つ発見しました。所在地は新潟県なのですが、富山県との県境に近く、東側には難所・親《おや》不知《しらず》がそびえているため、富山の食文化の影響が強いのでしょう。

最初に食べてみたのは、「ブラックラーメン」（巻頭カラーP4参照）。ブラックラーメン（一般的には「富山ブラック」と称する）は、醤油スープを濃く作った、黒々とした色合いのラーメン。肉体労働者の塩分補給を目的に、1950年代に富山市内の屋台で始まったとされています。レストラン「市振の関」のブラックラーメンは極端な黒さではありませんが、やはりスープの味が濃く最初のひと口で舌を満足させてくれるものでした。チャーシュー・メンマ・焼き海苔のほかに赤巻かまぼこをのせ、北陸らしさを演出しています。

味噌味が好きな方には、「モツラーメン」がオススメです。モツラーメンは福岡や京都など多く

モツラーメンにも、赤巻かまぼこが。改めて、食文化は富山なのだと実感する

の街で親しまれていますが、富山では「東々亭《とんとんてい》」の「牛もつラーメン」が評判になり、名物に発展したのだそうです。牛モツは少々歯ごたえが強いので、店によってはやわらかい豚モツを使うこともあります。市振の関でも、豚モツが使われているようでした。コンニャクやニンジン、豆腐なども入っているので、単品料理としての「モツ煮込」をそのまま味噌ラーメンにのせているのでしょう。

ブラックもモツも、味覚にガツンと訴える濃厚なラーメン。日々汗を流しているトラックドライバーを意識した味付けであるように感じました。少し運動してから食べると、よりおいしく感じられるかもしれません。

【越後市振の関】 糸魚川市大字市振1035-50
「市振の関」定休日／年末年始　営業時間／8：00〜20：00　主なメニュー／ブラックラーメン650円、モツラーメン800円、モツ煮込550円

ボリューム感に圧倒される、新感覚の「つけへぎ」

新潟18【クロス10十日町】
JR飯山線ほか　十日町駅　徒歩10分

十日町市の中心部に位置する、市民ホールを連想させるような赤茶色の建物。それが【クロス10《テン》十日町】です。情緒や風情とは縁遠い外観なのですが、館内には高い天井から巨大な「つるし雛」が吊り下げられていて、一転して情緒の世界に引き込まれます。このつるし雛は、東日本大震災からの復興を祈念して作られたもので、越後三大つるし雛のひとつに数えられています。

レストラン「mamma and cafeユキマツリ」は、一番奥にあります。創作性の高いメニューが多く、また季節や時間帯によってメニューが変わるので、何度訪れても楽しめそうです。今回は、つなぎに海藻のフノリを使う十日町名物・へぎそば（本来は、「へぎ」と呼ばれる容器に盛られたそばを指す）をつけ汁でいただく「つけへぎ」を食べてみました。つけ汁は、4種類のなかから選べます。そばの香りを一段と引き立て、うまく調和するだろうと考え、鴨南蛮を選択。

料理が出てきて、まずそのボリューム感に驚きます。並盛りで、250gもあるのです。加えて、大盛り（350gに増量）は無料！　この後にも続けて道の駅麺を食べる予定があったため大盛

盛り付けや器も品が良い。店内の雰囲気も含め、スタイリッシュなレストランだ

りにはしなかったのですが、単純に量が多いだけでなく質感のある麺で、ズッシリとおなかに溜まりました。磯の香りはさほど感じず、ボリューミーでありながら上品で繊細なそばでした。

鴨南蛮のつけ汁は、鴨肉をスライサーで細かくカットして煮込んだものでした。そのため具材感はやや乏しく、肉片を食べると少々パサつくものの、つゆ全体に鴨の芳醇な香りと旨味が染みわたっていました。ひと口大の白ネギとの相性も抜群で、舌もおなかも大満足です。次回は、少し冒険して「イタリアン風トマト」（冷製、夏季限定）のつけ汁を試してみようと思います。

【クロス10十日町】十日町市本町6
「manma and cafeユキマツリ」定休日／水曜　営業時間／10：00～18：00　主なメニュー／つけへぎ各種850円、醤油どんそば650円、ランチ定食850円

活気あふれる港町で、老舗のニシンに舌鼓

石川19【能登食祭市場】

JR七尾線　七尾駅　徒歩10分

JR七尾駅からまっすぐ海に向かって歩くと、道路の突き当りに【能登食祭市場】があります。私は以前に、七尾駅で終列車を逃して【能登食祭市場】の広場で一夜を過ごしたことがあります。その際、まだ空も暗い午前4時に、軽トラックが次々にやって来て商品の荷下ろし作業が始まり、「まるで朝市ではないか」と驚きました。このシーンを見て、「この駅は海産物がおいしいに違いない！」と確信したのです。今回は、満を持しての営業時間内訪問です。

2階建ての施設の1階部分は、まるで魚市場のようでした。間仕切りのない小さな鮮魚店が所狭しと連なり、通りかかる人々に店員さんが威勢よく声をかけています。京都府の【舞鶴港とれとれセンター】や新潟県の【能生《のう》】など、日本海に面した街には地元産の鮮魚をメインに扱う市場タイプの道の駅が多く、巡って楽しいものです。

飲食店も多数入店しています。麺類もラーメンやパスタ、そば・うどんと多彩です。そのなかで、私はそば・うどん処「まいもん処　たぶ屋」で「にしんそば」を食べてみることにしました。

館内には、鮮魚店ならではの匂いが漂う。鮮度のよさは、匂いの質からもわかる

7席しかない小さな店ですが、店の外にフードコートスタイルのテーブル席がたくさんあり、こちらで食べることもできます。

にしんそばを選んだ理由は、店頭に「一本杉通りの〝しらい〟さんのニシンを使用」とあったからです。一本杉通りは、七尾市の中心市街地を東西に横断する道路。「しら井」は、そのちょうど真ん中あたりで営業する海産物製造加工販売店です。「にしんの昆布巻」などが有名な、1931年創業の老舗。おいしいだけでなく、伝統を守って昔ながらの製法を貫く丁寧な仕事ぶりにも定評があります。名のある老舗がつくった「にしんの飴だき」がトッピングされるとあっては、素通りできません。ちなみに「飴だき」とは、水飴を加えて魚などを煮る調理法。「甘露煮」とほぼ同義です。

見た目は素朴だが、味は抜群。丹精込めて作る様子が脳裏に浮かぶ

おいしさは、ひと口かじっただけですぐにわかりました。甘さ・辛さ・旨味の残し方・歯ごたえのすべてが、ちょうどよい塩梅で整っているのです。特に秀逸だと思ったのは、食感でした。ひと言でいうと、固いのにやわらかいのです。しっかりとした歯ごたえを残しながら、一定以上の力で噛むとほろほろと崩れて一気に口の中いっぱいに拡散します。生臭さはほとんどなく、それでいて旨味はしっかりと残っています。小骨がやわらかくなるまでしっかりと炊き込んであるので、骨も気にせず食べられます。

麺・つゆは、脇役に回っている印象。しかし、じっくり味わってみると昆布と鰹節がバランスよく配合された出汁はなかなか味わいが深く、うすくち醤油の清涼感が加わってスッキリした

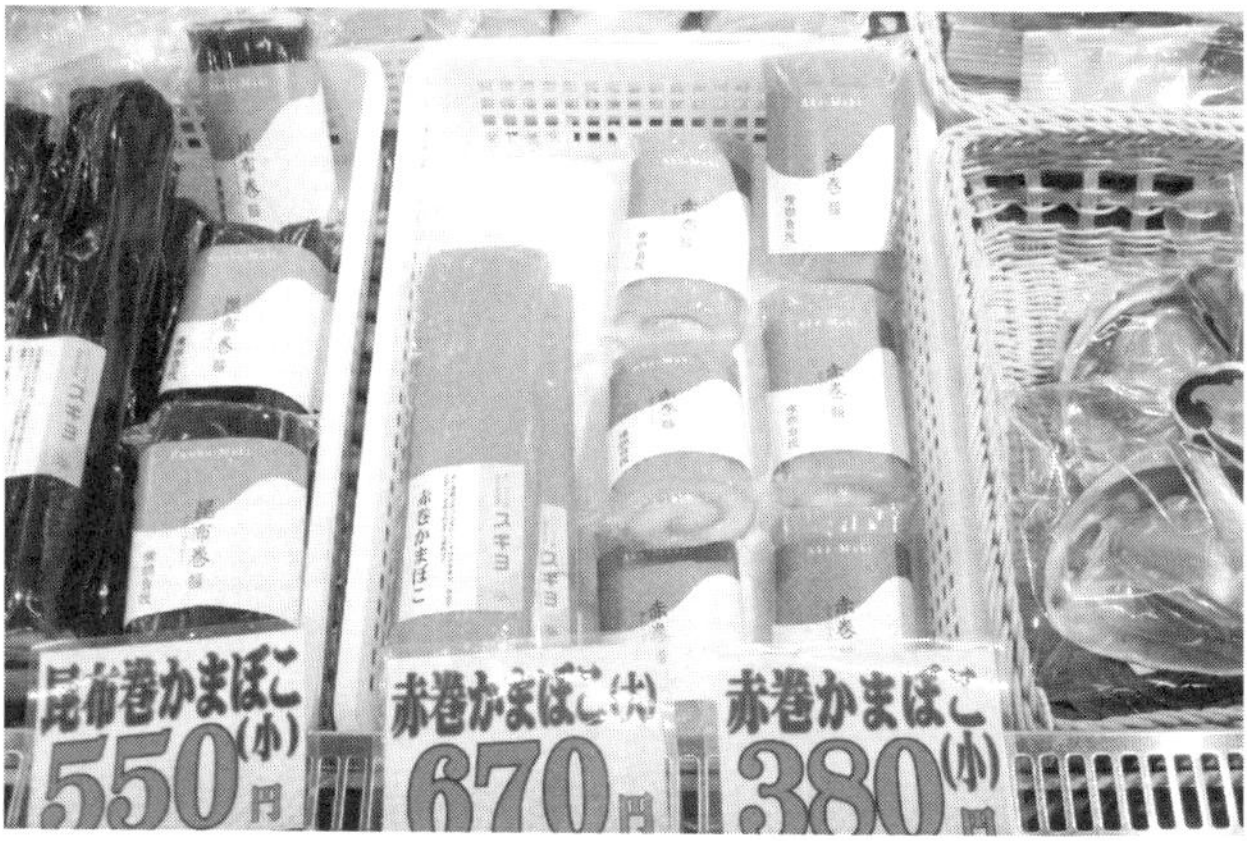

鮮魚だけでなく加工品も多彩。赤巻かまぼこも多種多数ある

つゆに仕上がっていました。平打ちの麺も、歯ごたえとそばの香りが両立するおいしいものでした。そして、赤巻かまぼこもトッピングされます。これは、北陸の定番。これまでに出会ったことがない、少し角ばった形をしていました。赤巻かまぼこにもいろいろな種類があるものだなと思って再度鮮魚店を見て回ると、メーカーによって形や渦の巻き方もさまざまであることがわかりました。カニカマが有名な「スギヨ」の赤巻かまぼこも発見。スギヨは七尾市に本社がある水産加工販売会社で、明治初期創業の老舗です。道の駅は、眺め歩くだけでも多くの発見がある、知識の宝庫でもあるのです。

【能登食祭市場】七尾市府中町員外13-1
「まいもん処 たぶ屋」定休日／7～11月を除く火曜・年始　営業時間／8：30～18：00　主なメニュー／にしんそば800円、にしんうどん750円、山海そば700円

Column ②

道の駅、立ち上がる！

２０１１年３月11日の東日本大震災で被災した道の駅も、多くは復興に向けて歩みを進めています。しかし、２駅は現在も休業中。岩手県【高田松原】の駅舎は、震災遺構として被災当時のまま残されています。仮設の「復興まちづくり情報館」と併せて、一般客も見学することができます。福島第一原発に近い福島県【ならは】は、現在は双葉警察署の臨時庁舎として使用されています（トイレは一般利用可）。

一方で、福島県【よつくら港】では、復興スピードの速さに驚きました。津波により駅舎がほぼ全壊し、一時は休業状態になったものの、２０１１年７月の訪問時には壊れたままの駅舎内で仮営業を始めていました。翌年５月には駐車場内に巨大なテントの仮駅舎を設営し、旧駅舎の建て替え工事が始まっていました。そして２０１３年５月に訪れると、早くも新駅舎で通常営業していたのです。同じく、津波で大破した岩手県【みやこ】も、２０１５年８月の訪問時には新駅舎が完成し、にぎわいが戻っていました。周辺地域にはまだ生々しい爪痕が残されていますが、復興は着実に進んでいます。

【高田松原】は、建物内の瓦礫も大部分が残されたまま

【よつくら港】の仮駅舎で行われた復興イベント（2012年5月撮影）

第5章

中部

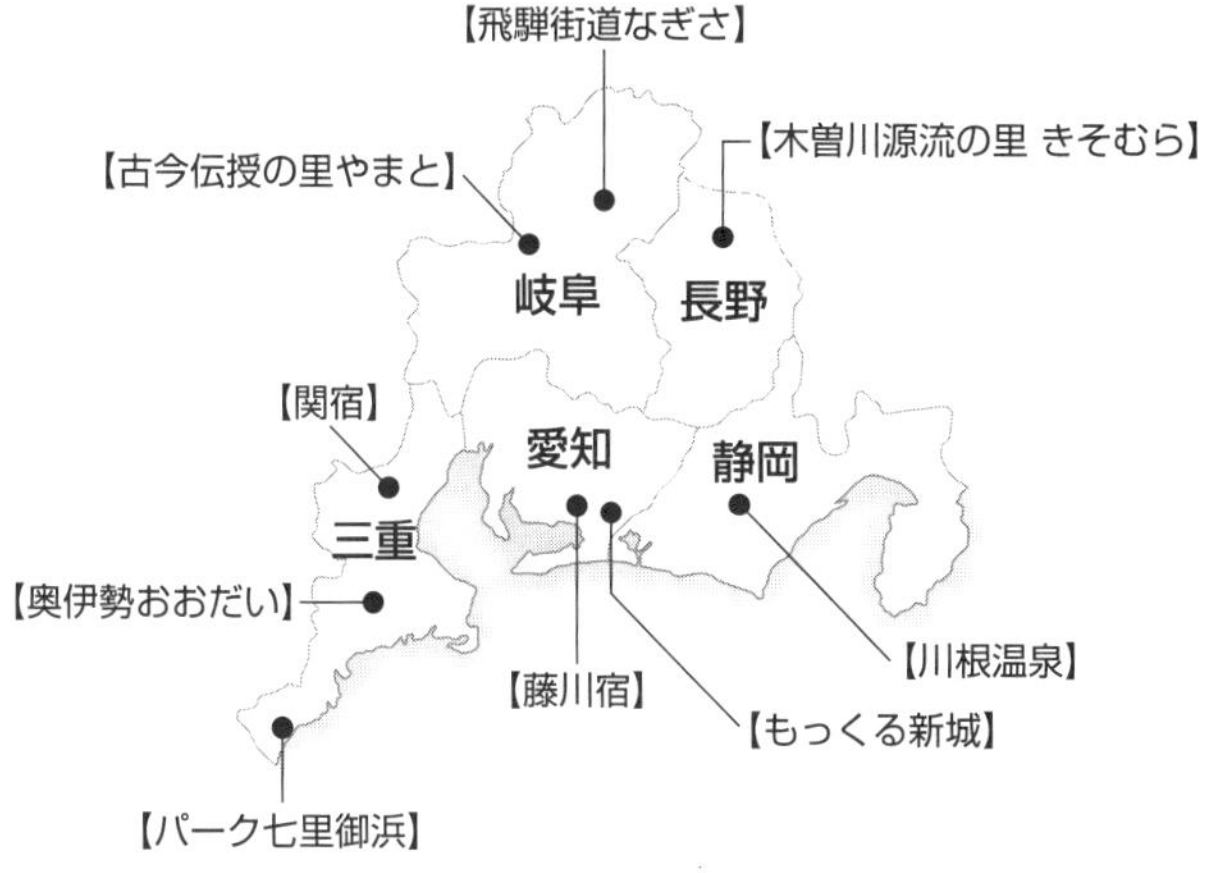
【飛騨街道なぎさ】
【古今伝授の里やまと】
【木曽川源流の里 きそむら】
岐阜
長野
【関宿】
愛知
静岡
三重
【奥伊勢おおだい】
【川根温泉】
【藤川宿】
【もっくる新城】
【パーク七里御浜】

気前のよいサービスで満腹、満足なブランド牛肉うどん

長野41【木曽川源流の里 きそむら】

JR中央本線　藪原駅　徒歩2分

JR藪原駅を出てふと見上げると、ほぼ正面に【木曽川源流の里 きそむら】があります。急斜面の上にあり、車道を歩くと10分くらいかかるのですが、階段で大幅にショートカットすることができます。所要時間は、わずか2分！

食券制でセルフサービス形式のレストラン「げんき茶屋」には、木曽牛を使ったメニューがありました。名のあるブランド牛なのに価格が安く設定されており、良心を強く感じます。麺類メニューのなかでは「肉うどん」に木曽牛が使われているとの表示がありましたので、即決です。

できあがった肉うどんを取りに行くと、店員さんに「ご飯を付けますか？」と聞かれました。サービスとのことなので、ありがたく。白飯だけをパクパク食べるのも味気ないなと思っていたら、受渡口にはフキ味噌が入ったタッパーがあり、「食事をご注文の方はご自由にどうぞ」と表示されていました。こちらも遠慮なく。うどん単品で注文したにもかかわらず、席についてみればすっかり定食になっていました。

お新香もサービス。フキ味噌は、物産コーナーで販売しているものを提供

さて、木曽牛はどこかな。値段が値段なので肉が少々入っているだけだろうと高をくくっていたのですが、よい意味で裏切られました。タマネギと一緒に炊いたひと口大の細切れ肉が、たっぷり！　やわらかさと質感を併せ持ち、濃厚な旨味があるのに後味はサッパリしていて、すき焼きを食べているような感覚でした。白飯と一緒に食べれば、まるで牛丼です。煮汁がうどんつゆに染みわたっていて、適度なコシのある麺にもよく絡みます。加えて、フキ味噌もほろっとした苦味と甘味噌のバランス感がよく、ご飯が止まらなくなります。６００円でこんなに満足させてもらってよいのかと、申し訳なく思うほどでした。

【木曽川源流の里 きそむら】木曽郡木祖村大字薮原163-1
「げんき茶屋」定休日／12～４月の木曜　営業時間／10：00～17：00　主なメニュー／肉うどん600円、山菜そば700円、ざるそば800円

冬の朝に似合う、ヘルシーかつ旨味充分な縄文うどん

岐阜25【飛騨街道なぎさ】
JR高山本線　渚駅　徒歩10分

近くに「堂之上遺跡《どうのそら》」があることから、縄文カラーに彩られた【飛騨街道なぎさ】。母屋は竪穴式住居をかたどっており、レストランには縄文時代の食事をイメージした「縄文うどん」がありました。2001年に立ち寄ったときには駐車場内に展望台を兼ねた物見櫓があったのですが、残念ながら老朽化のため撤去されていました。なお、駅から歩いて行く場合には、どこかで国道41号線を渡る必要があります。施設は緩やかなカーブの途中にあるため、やや見通しが悪く、道中には信号や横断歩道がないので、渡る際には充分注意しましょう。

訪問は、午前9時前。平均的な道の駅ではレストランがまだ開いていない時間帯です。しかし【飛騨街道なぎさ】のレストランは、すでに営業していました。早起きの道の駅は立ち寄るチャンスが多いので、貴重な存在です。注文したのは、もちろん縄文うどん。

つゆは、味噌仕立てでした。花かつおがのっているためでしょうか、酸味をやや強く感じます。サラサラしているものの、味は濃いめ。麺は少し煮込んであるようで、モチモチ食感ながら比較

花かつおの香りが利いている。コクのある味噌スープとのマッチングが最高！

的やわらかいものでした。麺とつゆがとてもよくなじんでおり、煮込んであるのは大正解だと感じました。味噌仕立ての鍋物を食べた後の、〆のうどんのような感覚です。

具材は、分厚い油揚げ（2枚）・ダイコン・ニンジン・ホウレンソウ・ナルト（2枚）。野菜は、地元で採れたものを使用しているそうです。肉類は一切使われておらず、とてもヘルシーな一杯です。この組み合わせだと旨味が足りないのではないかと思うところですが、味噌と油揚げでフォローされ、物足りなさは感じません。冬場に食べたらいっそうおいしく感じたのではないかと、雪の降る寒い朝を連想したくなる一杯でした。

【飛騨街道なぎさ】高山市久々野町渚2685
「お食事処」定休日／冬季の第1第3水曜・1月1日　営業時間／8：30～17：30　主なメニュー／縄文うどん650円、味噌仕立てカレーうどん810円、きのこスパゲティ650円

ねらうべきは「郡上味噌」うどんに「鶏ちゃん」ラーメン

岐阜33【古今伝授の里やまと】

長良川鉄道越美南線　郡上大和《ぐじょうやまと》駅　徒歩8分

岐阜県は、北海道に次いで道の駅が多い都道府県です。その数、なんと54駅！　鉄道駅から徒歩圏内にある道の駅も多い（巻末資料Ｐ２３３参照）ので、中部地区でスタンプを効率よく集めたい場合には岐阜県を中心に巡る手もあります。

数が多いだけでなく、施設も充実しています。【古今《こきん》伝授の里やまと】は日帰り温泉施設「やまと温泉やすらぎ館」を併設し、広く開放的な露天風呂などを楽しめます。物産店では、郡上市特産の食品サンプルを販売しています。郡上市は食品サンプルの生産量が日本一で、全国シェアは50％以上なのです。食事処も多数あり、はっきりした目的がないと店選びに困るほどです。私は麺類が目当てですので、まずは麺類を主力とする「なつつばき」に入ってみました。

聞き慣れないメニューがたくさんあるなか、味噌が郡上市の特産のひとつであることを知っていましたので、「豆乳郡上味噌うどん」を選択。豆乳も味噌も同じ大豆から作られているものだから、きっと合うのだろうと考えました。ちなみに、郡上味噌は１９０２年創業の老舗蔵元「大坪

キーホルダーやストラップなどに加工された食品サンプルが人気

醤油株式会社」の登録商標であり、一般名称ではありません。ほかの蔵元から出荷される郡上味噌は、契約により商標を使用したものです。

できあがったのは、真っ白なつゆのうどんでした（巻頭カラーP4参照）。つゆをひと口含んでみると、驚いたことに最初に感じたのはカツオの削り粉の風味でした。続いて、味噌のまろやかさが口の中に広がります。そして喉を通過した後に、豆乳の余韻が渦巻きます。風味が3段階に変化する、面白い味でした。麺は、コシがありツルツルと喉ごしのよいタイプ。豆乳のクリーミーさが加わって、いっそう喉ごしがよくなります。トッピングは、温泉玉子と刻み海苔。全体的に甘さが勝った一杯だけに、トッピングをうまく使って中盤以降に味を変化させると、最後まで飽きずに食べられるのではないでしょうか。

続いて、屋台スタイルの「かにはさくら」を覗きます。火鉢で焼きあげる「鮎塩焼」（500円）

が目当てのお客さんが多い店で、活気に満ちています。ここでは、岐阜県内の旅で頻繁に目にする「鶏《けい》ちゃん」をトッピングしたラーメンを食べてみることにしました。

彩りもよい「鶏ちゃん味噌ラーメン」。濃厚さと清涼感のコントラストが印象的

鶏ちゃんは、岐阜県特有の家庭料理で、鶏肉を味噌や醤油をベースにしたタレに漬けこみ、野菜と一緒に炒めたものです。１９５０年代から、郡上市や下呂市など岐阜県中・北部地域の各家庭で、卵を産まなくなったニワトリをジンギスカン風に調理して食べる習慣が広まったと言われています。２０１０年に初めてＢ級グルメの祭典「Ｂ-１グランプリ」に参加してその名が広く知れわたるようになりました。なお、「鶏ちゃん」と言うときには、「ちゃ」の部分にアクセントを置きます。「け」にアクセントを置くと、即座によそ者だとわかってしまいます。

もとが家庭料理であるだけに、使う食材や味付けは店によって異なります。郡上市では味噌、下呂市では醤油による味付けが一般的なのだそうです。【古今伝授の里やまと】があるのは郡上市ですので、「かにはさくら」では味噌味で、味噌ラーメンへのトッピングになります。鶏肉は、プリプリした食感が心地よく、鮮度のよさがうかがえました。歯ごたえが強いのですが、「固い」という感じではなく、弾力のある肉質です。味噌ダレがよく染みていて、また炒めることで香ばしさも加わっていました。ひと口で食べるか、それともかじるかで悩むくらいのサイズにも、絶妙なボリューム感の演出を感じました。合わせて炒める野菜は、キャベツ。固有の甘みが味付けによく合い、シャキシャキした歯ごたえもよいアクセントになっていました。

味が濃く、炭水化物が欲しくなる料理ですので、ラーメンとの相性も上々です。存在感の強い平打ちのストレート麺を合わせるあたりは、なるほどとうなずかされました。スープは、やや甘めでマイルドな仕上がり。鶏ちゃんもスープも濃いめで旨味・甘みが強いので、オクラや白髪ネギのトッピングで清涼感を加え、バランスをとっています。スイートコーンのトッピングが蛇足であるようには感じたものの、全体的な満足度はたいへん高い一杯でした。

【古今伝授の里やまと】郡上市大和町剣164
「なつつばき」定休日／火曜　営業時間／9：00〜18：00　主なメニュー：豆乳郡上味噌うどん600円、鮎そば800円、古地鶏うどん800円
「かにはさくら」定休日／火曜　営業時間／9：00（ラーメンは11：00）〜17：00　主なメニュー／鶏ちゃん味噌ラーメン790円、やまとラーメン790円

SL、温泉、そして茶そば。これぞ川根温泉のフルコース

静岡10【川根温泉】

大井川鐵道大井川本線　川根温泉笹間渡《ささまど》駅　徒歩5分

静岡県の名産といえば、「お茶」を連想する方も多いでしょう。静岡県は茶園面積・収穫量・荒茶生産量のすべてにおいて全国一で、シェアは40％近くを占めています（農林水産省調べ）。茶には、さまざまな種類があります。静岡県内でも川根茶・掛川茶・本山茶・天竜茶など産地ごとに細かくブランド化されていますが、この分類はあくまでも産地によるもので、品種とは無関係です。品種としては、現在は「やぶきた」がもっともポピュラーなものとして普及しており、これをベースに改良を加えて次々に新品種が誕生しています。また、緑茶・ほうじ茶・ウーロン茶・紅茶も、実はすべて同じ茶葉から作られるものです。茶葉を蒸したものが緑茶、焙煎したものがほうじ茶、半発酵させたものがウーロン茶、完全発酵させたものが紅茶です。さらには、同じ緑茶でも使う部位や育て方などによって、芽茶・茎茶・抹茶・かぶせ茶などに細かく分類されます。茶の世界は奥が深く、本書ではとうてい語り尽くせません。

茶を使った麺類としては、「茶そば」が有名です。茶そばは、一般的にはそば粉に抹茶を混ぜて

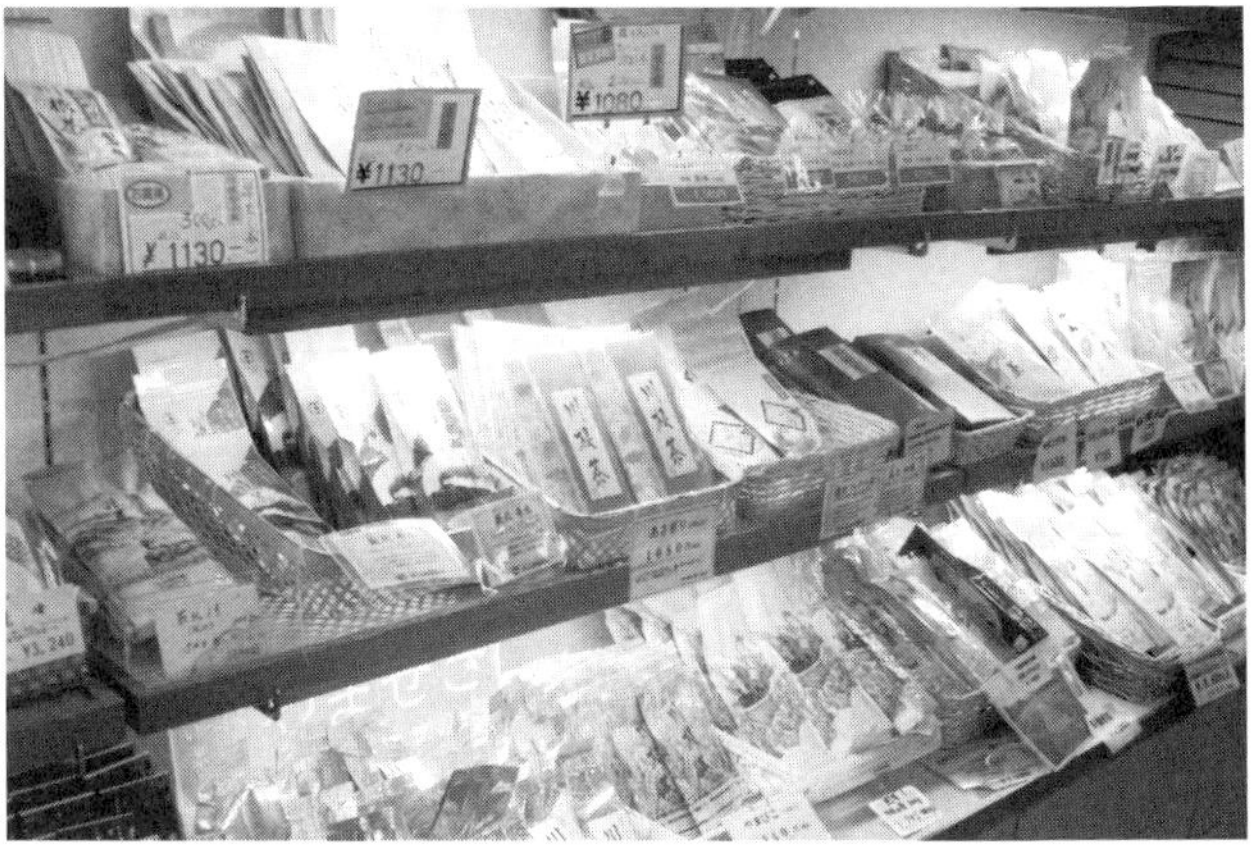

物産コーナーには、さまざまな種類の川根茶が並ぶ

打ったそばを指しますが、そばと茶の香りがかち合うのを避けるためにそば粉は使わず、小麦粉と茶だけで打つ店もあるようです。この場合の「そば」は、「中華そば」のように麺類全般を指す言葉として用いているのでしょう。また、抹茶ではなく安価な粉茶を使うこともあります。皮肉なことに、抹茶よりも粉茶を使った茶そばのほうがおいしいと考える方も多いようです。抹茶は天日を避けて育っているため風味が繊細で、麺に仕立てたときにあまり香らないというのが理由のようです。

川根茶の産地の真っただなかに位置する【川根温泉】でも、茶そばをいただくことができます（巻頭カラーP５参照）。この駅は日帰り温泉施設を併設しており、館内に入ると正面に入館券売機があります。しかし、食事のみでの入館であれば入館料は不要。１階に２カ

屋外には、無料で楽しめる足湯も完備している

所、2階に1カ所の食事処があるなかで、茶そばは1階の「萌《もえぎ》」で扱っています。

鮮やかな緑色をした茶そばを、まずはつゆにつけずにそのままいただいてみます。スッと鮮烈に、青々とした緑茶の香りが感じられました。モチモチした食感も合わせ、そば粉を使わずに小麦粉と粉茶で打った茶そばではないかと推察しました。続いてつゆにつけて食べてみると、若干カツオ出汁のほうが勝り、茶の香りはかき消されてしまいます。基本的につゆは使わずに食べ、口の中に残った香りをいったんリセットしたいときにつゆにつけてひと口する。この繰り返しで食べ進めるのがよいのではないかと感じました。さらに言うと、温泉にのんびり浸かって、身体が火照った状態で食べたらもっとおいしく感じたのではないかと思います。

大井川を渡るSLかわね路号。運休日があるので、運転日と時刻の確認をお忘れなく

浴場の露天風呂からは、大井川鐵道の名物・ＳＬが走る光景を眺めることができます。駅舎のすぐ裏手を大井川が流れ、ちょうど橋梁を渡るシーンを眺められます。露天風呂にカメラを持ち込むことはできませんので、写真を撮りたい場合には駅裏手に回り、大井川の土手から撮影するとよいでしょう。ＳＬが通過する前後の時間帯には、駐車場はたいへん混雑します。断然、鉄道利用がオススメです。風情のよい大井川鐵道に乗って訪問し、ＳＬを眺めて、温泉を満喫して、風呂上がりに茶そばで生ビール（５４０円）を飲む。これが【川根温泉】を最大限に楽しむ方法ではないでしょうか。

【川根温泉】島田市川根町笹間渡220
「萌」定休日／第1火曜　営業時間／9：30（麺類は11：00）～19：30　主なメニュー／茶そば580円、梅しそおろしそば710円、和風らーめん710円

幻の麦を使った力強い「きしめん」

愛知15【藤川宿】
名古屋鉄道名古屋本線　藤川駅　徒歩1分

かつて国道1号線は、交通量が多いわりに道の駅が少ない路線でした。しかしこの10年ほどの間に、東海3県の国道1号線沿いに次々と新駅がオープンし、休憩スポットが充実してきました。2012年12月にオープンした【藤川宿《しゅく》】は藤川駅にほぼ隣接しているので、鉄道利用者も気軽に足を運べます。訪問時には、学校帰りの高校生の姿も多く目に留まりました。

とにかく「きしめん」を食べたいと思い、軽食コーナーへ行ってみると、江戸時代に藤川周辺で盛んに栽培されていたという「むらさき麦」を使った「むらさき麦ぶっかけとろろきしめん」を扱っていました。むらさき麦は、茎や穂が紫色をした大麦の一品種。明治以降に衰退し、一時は「幻の麦」と呼ばれたほど稀少なものです。しかし、地元の有志により1994年から復活に向けた取り組みが始まり、飲食店のみならず土産物店などでも目にするようになってきました。

麺は、そばのように黒みを帯びた色合いのものでした。全粒粉を使用しているようで、麺の至るところに皮の粒々が見られます。印象的なのは、風味よりも食感。モチモチとした弾力はなく、

うだるような暑さの中で食べると気持ちいい、涼感メニュー

歯ごたえ・質感の強い麺に仕上がっていたのです。平打ちのきしめんでこれだけ歯に強く訴えるのですから、太麺のうどんに仕立てたら相当食べごたえのある麺になるのではないでしょうか。トッピングは、たっぷりのとろろ芋と大根おろし。これらをよく麺に絡めて食べることで、旨味と涼感が強調されます。

今回は9月の訪問だったため冷たいきしめんをいただきましたが、次回は冬場に訪問して温かい「むらさき麦かけうどん」を食べてみたいと思います。温かい麺のほうがやさしい食感になりますので、むらさき麦の麺がつゆによくなじむのではないかと思います。

【藤川宿】 岡崎市藤川町字東沖田44
「軽食コーナー」定休日／なし　営業時間／9：00〜18：00　主なメニュー／むらさき麦ぶっかけとろろきしめん650円、むらさき麦かけうどん520円、ざるそば500円

肉だけでなく、骨まで使ったジビエラーメン

愛知16【もっくる新城】
JR飯田線　三河東郷駅　徒歩10分

近年、野生の鳥獣「ジビエ」を使った料理が人気を集めています。道の駅でも、物産コーナーで精肉などを販売するケースが増え、またレストランでもジビエを使ったメニューの導入が進んでいます。ウッディな外観が特徴的な【もっくる新城《しんしろ》】でも、猪肉を使った「ししラーメン」に出会いました。ジビエはフランス語（gibier）で、中世フランスでは自領内で狩猟ができる上流階級のグルメでした。現在も、フランスなどでは高貴な料理として親しまれています。しかし日本では、農作物や森林資源などに有害な野生鳥獣を駆除し、その肉を食して有効活用するという意味合いでジビエという言葉を使う機会が多いように感じます。

ししラーメンは、スープもイノシシの骨から取ります。低い温度で時間をかけて煮出すことにより、豚骨ラーメンのように白濁することなく澄んだスープになり、ジビエ特有の臭みが消えるのだそうです。これに醤油ダレを合わせ、味わいは濃いものの食後にはサッパリする風味に仕上がっていました。軽く縮れていて歯ごたえのよい麺も、スープの濃さによく合っていると思います。

夕方には売り切れることもある。確実に食べたい場合には、昼時までに訪問したい

トッピングにも、猪肉をたっぷりと。甘辛い醤油ベースのタレで煮込んだものをのせています。第一印象は、「ちょっと固い豚肉」でしょうか。しかし、噛むほどに獣臭さがほんのりと滲み出てきます。【日光】の熊肉（P86参照）ほど強烈な臭みではないので、ラムに抵抗がない方なら大丈夫でしょう。猪肉のほかには、ゴボウの千切りを揚げたものとキノコの水煮をトッピング。セルフサービスで、唐辛子を利かせた揚げ玉を自由に追加できます。山の幸だけで構成している点が、たいへん好印象でした。

【もっくる新城】新城市八束穂字五反田329-7
「奥三河製麺」定休日／なし　営業時間／9：00～18：00　主なメニュー／ししラーメン780円、豚骨ラーメン680円、とり蕎麦680円

あっさりスープでメに最適。夜限定の道の駅ラーメン

三重04【パーク七里御浜】
JR紀勢本線　阿田和《あたわ》駅　徒歩2分

道の駅の営業は、基本的に日中のみ（一部、24時間営業の駅もある）です。しかし、白砂青松の美しい海岸に面した【パーク七里御浜《しちりみはま》】には、夜間だけ暖簾を掲げる屋台スタイルの「浜海道らーめん」があります。紀伊半島を周回する国道42号線のなかでは夜間営業の飲食店などが少ないエリアにあるので、タクシーの運転手などを中心に人気があるようです。酒も飲めるので、車でやって来て飲んで食べて、帰りは運転代行を利用する方も見かけました。いろいろな駅があるものだと、改めて道の駅巡りの奥深さを実感しました。

簡易な店舗ですので、メニューの種類は多くありません。一番人気は「鶏そば」とのこと。私は、鶏そばに辛子玉を加えた「辛口鶏そば」をいただいてみました。屋台らしく、調理は早いです。細い平打ち麺なので茹で時間は短く、先にスープとタレを丼で合わせてから麺を茹で始めます。

スープは、あっさりした塩味。コクが欲しいと感じた場合には、おろしニンニク（無料）を加えるとよいでしょう。ニンニクは、生のものをセルフですりおろします。揮発性の刺激が強いので、入

チャーシュー・味玉・メンマ・焼き海苔がトッピングされる

れすぎには注意が必要。また、辛子玉をしっかりと溶かすと、辛さだけでなく旨味も増します。ラーメンだけを食べるのであれば辛口鶏そば＋おろしニンニク、飲んだ後の〆なら鶏そばであっさりと済ませるのがベストでしょうか。

できあがりまでの時間が早く、あっという間に食べ終わり、あっという間に退店。私はライフワークとして屋台に近いスタイルの「駅そば」を巡っているような人間ですので、この雰囲気は大好きです。この後に移動する予定がなければ一杯飲むことができたのになぁと、後ろ髪を引かれる思いで店を出たのでした。

【パーク七里御浜】南牟婁郡御浜町大字阿田和4926-5
「浜海道らーめん」定休日／木曜　営業時間／18：00〜24：00　主なメニュー／辛口鶏そば780円、鶏そば680円、とんこつラーメン680円

「食事」と「おやつ」の間を行ったり来たり

三重09【奥伊勢おおだい】
JR紀勢本線　三瀬谷駅　徒歩5分

【奥伊勢おおだい】は、JR三瀬谷《みせだに》駅のすぐ裏手にあるのに、駅から歩いて訪問するには踏切まで回らなければならず、5分ほどかかります。跨線歩道橋か地下道が整備されれば徒歩1分という立地なので、ちょっと残念に感じます。

天井が高く、木材をふんだんに使ったレストラン「まごころ食堂」で出会った道の駅麺は、三重県伊勢市周辺のソウルフード「伊勢うどん」です。ご当地うどんとしてかなりポピュラーなものですので、ご存じの方も多いでしょう。伊勢うどんは、温かい麺にたまり醤油をベースにしたタレをかけ、薬味とともによく混ぜ合わせて食べるもの。極太でやわらかい麺と、スイーツのような甘さが特徴です。私はこれまでに多くの店で伊勢うどんを食べてきましたが、総じて「食事というよりもおやつ」という印象を持っていました。

しかしここで、少々考えが変わることになります。極太の麺は、これまで食べた伊勢うどんのなかではもっとも質感のあるものでした。伊勢うどんは、麺を長時間茹でることでやわらかくし

見た目は埼玉の「ずりあげうどん」(P100参照)に近いが、食感が大きく異なる

ます。注文が入ってから茹で始めたので は調理に時間がかかってしまうため、多くの店では常にうどんを茹で続け、すぐに提供できるようにしています。特にファストフード感覚の店では、タイミングによって少々麺の固さに違いが生じるのかもしれません。

タレも、これまでに食べた伊勢うどんに比べると甘みを控えてあり、カツオ出汁の香りを強く香りました。これは、「おやつというよりも食事」です。おろし生姜を加えて食べてみたいと感じる一杯でした(おろし生姜の用意はない)。どれが正しいかということではなく、伊勢うどんも店ごとに個性があるということなのでしょう。

【奥伊勢おおだい】多気郡大台町佐原663-1
「まごころ食堂」定休日／年始　営業時間／8：00～16：30　主なメニュー／伊勢うどん420円、山菜そば530円、中華そば580円

交通の要衝ならではの、濃厚味噌ダレ焼きうどん

三重11【関宿】

ＪＲ関西本線　関駅　徒歩2分

三重県亀山市は、名古屋～大阪間の中継地となる交通の要衝です。昭和中期の高度経済成長期には、名古屋周辺から国道1号線で亀山を経由して大阪方面へ向かう（またはその逆）大型トラックが一気に増えました。市街地には大型トラック向けの大衆食堂が次々に開店し、ドライバーの間で味噌味の焼肉が評判になりました。味噌ダレを使ったのは、安い肉やホルモンが中心だったため臭みが強く、味の濃いタレが求められたためです。そして、彼らは〆に玉うどん（茹で麺）を注文し、鉄板上に残ったタレに絡めて食べていたのだそうです。

平成に入ると、国道1号線の亀山バイパスが開通しました。これによりトラックが市街地を走らなくなったため、食堂も次第に減少していきました。この状況に危機感を覚えた地元の有志たちが立ち上がり、「亀山みそ焼きうどん」をご当地グルメとしてPRする取り組みが始まったのです。現在は大衆食堂のみならず、喫茶店や中華料理店、さらには【関宿】のレストラン「みくら」でも扱うようになり、市民の間ですっかり定着しました。

見た目の印象以上に濃厚な味付け。ライス（160円）を追加する手もありそうだ

見た目には、「ちょっととろみのある焼きうどん」という感じなのですが、湯気のなかにコクのある味噌の香りが介在しているので、一般的な焼きうどんとの違いは歴然です。タレは味噌が濃く、味覚にストレートに訴える味付けです。味噌だけでなく、独特な甘みも感じます。レシピは、店によって千差万別。一般的には、赤味噌と焼肉のタレ、砂糖・日本酒・豆板醤を混ぜ合わせてタレを作るそうです。具材は、肉とキャベツが必須要件。そのほかは、店ごとに工夫を凝らします。「みくら」では、ニンジン・タマネギ・モヤシ・グリーンピースが入っていました。豚肉の旨味がタレによく合うのは言うまでもないとして、私は少し焦がしたニンジンとタマネギの香ばしさに、食欲を激しく揺さぶられました。

麺は、玉うどんを使うのが一般的。手打ちのコシの強い麺は味が染みにくいため、みそ焼きうどんには向かないのだそうです。「みくら」の麺は、玉うどんよりは少し歯ごたえが強いもので、それほど味が染みている感じはしませんでした。しかし、タレの味が濃いので、タレを均等にまとうだけで充分な訴求力があります。

もともとは肉を焼いた後、つまり肉の旨味が染みわたったタレにうどんを絡めていたのですから、焼きうどんとして一から作る場合には、同じレシピでは物足りないものになってしまうでしょう。現在のタレに行きつくまでには、相当試行錯誤したのではないかと想像します。幾重にも折り重なった深い味わいに、「なにがなんでも名物として広めるんだ」という有志たちの気概を感じました。

ゆっくり休める小上がりの休憩室があるのも、交通の要衝ならではかもしれない

【関宿】亀山市関町新所674-8
「みくら」定休日／なし　営業時間／9：00～18：00　主なメニュー／みそ焼きうどん600円、亀山ラーメン750円、天ぷらそば550円

第6章 近畿

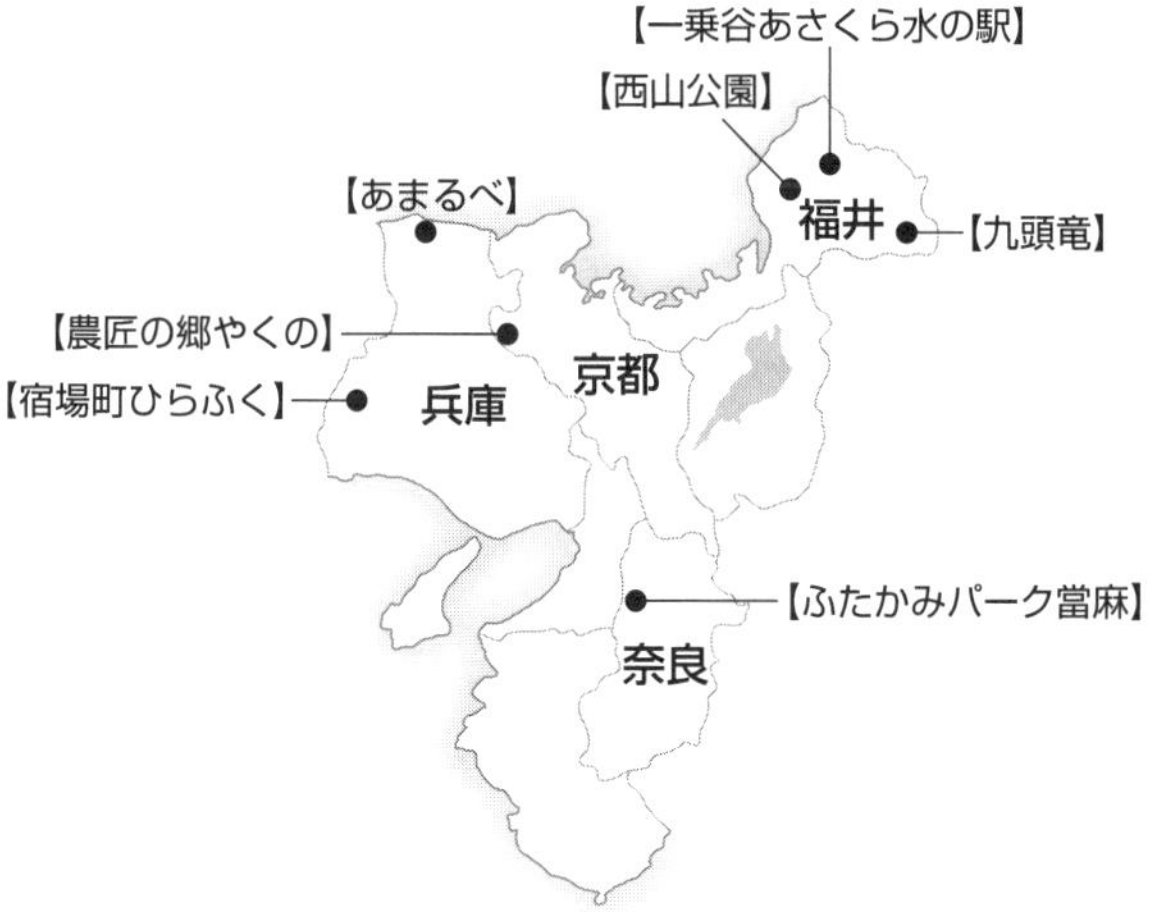
【一乗谷あさくら水の駅】
【西山公園】
【あまるべ】
福井
【九頭竜】
【農匠の郷やくの】
京都
【宿場町ひらふく】
兵庫
【ふたかみパーク當麻】
奈良

素朴ながら個々の香りが光る絶妙カルテット

福井02【九頭竜】

JR越美北線　九頭竜湖駅　徒歩すぐ

JR九頭竜湖《くずりゅうこ》駅は、越美北線の終着駅。決して交通の便がよいとは言えない場所です。なにしろ、列車は上下線とも1日5便（うち上下各1便は区間列車）だけなのです。しかしそのぶん、ローカル線の情緒があります。単行列車でのんびりと山あいを縫って走っていると、都会の喧騒を忘れさせてくれます。その九頭竜湖駅に、【九頭竜】が併設されています。「福井02」という若い道の駅番号が付されていることから、黎明期にオープンした道の駅だとわかります。鉄道駅に併設された道の駅としては、岩手県の【のだ】（P60参照）や新潟県の【笹川流れ】（P106参照）と並んで、もっとも古いものです（1994年の第5回登録会で登録）。黎明期の道の駅は比較的小規模で、駐車場も狭いことが多いものです。【九頭竜】も、こぢんまりとした駅でした。山あいの終着駅の雰囲気に、溶け込むように佇んでいます。福井県の内陸部では恐竜の化石が多く発掘されていることから、駐車場入口には大きな恐竜の像が設置され、絶好の被写体になっていました。また、物産店では、アンモナイトなどの化石（実物）を販売しています。私は、学生時

駐車場入口のモニュメント。近くにある顔出しパネルも人気の撮影スポット

代に化石発掘のサークルで班長を務めたほどの考古学好きですので、食い入るように眺めてしまいました。

食事処は、「めん類」と書かれた看板が掲げられているだけの、簡易的な店舗でした。扱うメニューも、そば・うどんとコーヒー程度。しかし、福井県の名物である「おろしそば」や、福井県特産のマイタケを使った「まいたけそば」など、少ないメニューのなかにもしっかりとご当地性が表れていました。おろしそばはこの後、別の駅で食べる予定があったため、ここではまいたけそばをいただきます。

マイタケは、全国どこのスーパーでも安価で売られているポピュラーなキノコです。しかし、もともとは標高1000m以上の深山に自生する、

物産店内で販売されている化石。徒歩15分の国民宿舎パークホテル九頭竜内で、発掘体験ができる

「幻のキノコ」と言われるものでした。運よく見つけたときに舞うほどに喜んだことから〝舞茸〟と名付けられたとさえ言われています。福井県では、【九頭竜】がある和泉村（現・大野市）に昔から自生しており、1988年頃から人工栽培が始められ、「昇竜まいたけ」のブランドで村の特産物に発展しました。

　まいたけそばには、そばのトッピングとしてポピュラーな天ぷらではなく、サッと湯がいたマイタケがそのままのっていました。そして、香りづけの花かつおを合わせてあります。天ぷらにしないと臭み・えぐみが強いのではないかと懸念したのですが、食べてみると香りが上品で、また噛むときに「ジャクッ」と音がするほど歯ごたえがしっかりしていました。うすくち醤油で仕立てたつゆとの相性も抜群です。マイタケは秋田のきりたんぽ鍋に欠かせない食材であることからもわかるように、和風出汁との相性がよいのです。つゆはグツグツと煮立っていないのでマイタケのえぐみが染み出ることもな

マイタケは、なかなかのボリューム感。しっかり噛みしめて味わいたい

く、スッキリした味わいを楽しめました。麺は、太くてつなぎの弱い田舎風。そばの香りが強く、マイタケの香りに負けずに舌に鼻に訴えかけてきました。花かつおを含め、香りのあるもの同士を合わせてあるのに、お互いに打ち消すことなくそれぞれが独自に香るのが不思議でした。食材の相性、ということなのでしょう。鉄道も素朴、道の駅も素朴、そしてそばも素朴。素朴尽くしであるがゆえに強く印象に残りました。旅における「柔よく剛を制す」の姿を見たような気がしました。

【九頭竜】大野市朝日26-30-1
「めん類」定休日／冬期の木曜・年末年始　営業時間／11：00～16：00（季節変動あり）　主なメニュー／まいたけそば600円、おろしそば500円、たぬきそば500円

バランス感が難しい、カニとトマトのやじろべえ

福井11【西山公園】
福井鉄道福武《ふくぶ》線　西鯖江駅　徒歩3分

江戸末期に鯖江《さばえ》藩第七代藩主の間部詮勝《まなべあきかつ》公が整備した「嚮陽渓《きょうようけい》」がルーツの西山公園。県下随一のツツジの名所として親しまれ、また入場無料のミニ動物園などがあることから季節を問わず多くの観光客でにぎわいます。2013年には、その一角に【西山公園】がオープン（道の駅登録。開業は2014年）し、さらに集客力を高めています。

飲食コーナーの麺類は、そば・うどん、パスタ、ラーメンと揃っています。それぞれにご当地性を感じるメニューがあり、券売機の前でかなり頭を抱えて悩みました。結局、道の駅では扱いが少ないパスタ類のなかから、「カニトマトクリームパスタ」を選択しました（巻頭カラーP5参照）。福井のカニと言えば「越前ガニ」が有名ですが、これはズワイガニの地域呼称です。ズワイガニは松葉ガニ（鳥取県など）、越前ガニ（福井県）、間人《たいざ》ガニ（京都府）、津居山《ついやま》ガニ（兵庫県）、加能ガニ（石川県）など、地域によって呼び名が変わるのです。ただし、「紅ズワイガニ」は別の種類のカニです。

道の駅内のエレベーターを経由して、ミニ動物園のレッサーパンダに会いに行こう！

カニトマトクリームパスタには、細かくすり潰したカニ肉がたっぷり使われていました。安価なメニューなのでさほど期待していなかったのですが、予想以上にカニの香りがあり、びっくりしました。ソースはトマトベースで、わりと酸味を強く感じます。また、炒めたタマネギを混ぜており、甘みも介在していました。トマトとタマネギで、カニの生臭さを消そうというねらいでしょうか。好みの問題もあると思いますが、個人的にはカニの風味をストレートに楽しみたかったので、トマトの酸味をもう少しおさえるか、もっと言えばトマトソースではなくホワイトソースに合わせたほうが、カニの香りがよくなじむのではないかと感じました。それでも、値段に鑑みれば充分満足できる内容でした。

【西山公園】鯖江市桜町3-950
「飲食コーナー」定休日／年末年始　営業時間／9：00～18：00　主なメニュー／カニトマトクリームパスタ650円、おろしそば500円、菜花うどん650円

石臼碾きで完全手打ち、しかもリーズナブルな「おろしそば」

福井14【一乗谷あさくら水の駅】
JR越美北線　一乗谷駅　徒歩10分

一乗谷《いちじょうだに》は福井市街から足羽《あすわ》川に沿って東へ10㎞ほどに位置し、戦国大名の朝倉氏が本拠を置いていたことで知られています。一乗谷城を中心とした遺跡群は、歴史ファンの間で人気のスポットになっています。2015年4月に登録されたばかりの【一乗谷あさくら水の駅】も、日本の原風景とも言えるような、しっとりとした趣のある道の駅でした。川から引いた水路には3連式の水車が設置され、訪れる人々の目を和ませると同時に、せせらぎに変化を与えて耳も楽しませてくれます。しかもこの水車は単なるモニュメントではなく、その動力によって石臼を動かし、そばを碾いているのです。

館内の軽食コーナーでは、もちろん福井名物の「越前おろしそば」を味わいます。石臼碾きのそばは、完全手打ち。物産店内にガラス張りの製麺室があり、タイミングが合えば職人さんが腕によりをかけてそばを打つシーンを眺められます。私は2度訪問し、9時に訪問したときには眺められ、13時に再訪問したときには作業を終了していました。午前中の訪問がオススメです。

550円のそばとは思えない完成度の高さ。わざわざ食べに行く価値のある一品だ

できあがったそばは、平打ちの乱切り麺。プリッとした歯ごたえから、そば粉比率の高さがうかがえます。そば粉は、100%福井県産なのだそうです。とても上品な、艶のある香りを楽しめました。咀嚼している間だけでなく、飲みこんだ後にも口の中にそばの香りが残ります。また喉ごしがよいので、食後の爽快感も抜群です。つゆは、やや淡く作ってあります。そのため、大根おろしの辛味・清涼感や鰹節の香り・酸味、さらには青ネギの香りがダイレクトに舌に伝わります。味・値段、そして雰囲気。すべてにおいて非の打ちどころがない、大満足の一皿でした。

【一乗谷あさくら水の駅】 福井市安波賀中島町1-1-1
「軽食コーナー」定休日／水曜　営業時間／9：00〜18：00　主なメニュー／越前おろしそば550円、にしんおろしそば750円、そぼろうどん500円

十割で楽しむ、やさしい香りの夜久野高原そば

京都08【農匠の郷やくの】
ＪＲ山陰本線　上夜久野駅　徒歩7分

福知山市夜久野町は、京都府唯一の火山である宝山の灰を主成分とする、黒土の丘陵地帯にあります。良質な土と穏やかな気候に恵まれ、昭和中期頃からソバの栽培が行われています。夜久野高原のそばは、香りの高さには定評があるものの、生産量が少ないため首都圏などにはあまり出回りません。現地まで行かないとなかなか食べられない「ご当地グルメ」なのです。

【農匠の郷やくの】は日帰り温泉施設を併設した、敷地がとても広い道の駅。大駐車場の脇にある「夜久野マルシェ」では、夜久野高原産のソバを１００％使用した十割そばを提供しています。昼時の訪問だったこともあり、店内は満席。入店までに30分ほど待ちました。原則として相席にならないように配慮されているので、混雑時でも店内はゆったりしています。

「夜久野高原十割そば」は、かけ・ざる・天ざるの3種類。各種トッピングを追加することもできます。私は、麺の香りをストレートに楽しもうと考え、ざるそばをいただきました。こんもりとした高さのある盛り付けで、ボリューム感があります。そして、やや赤紫がかった色合い。細

ガツンとくる強烈なインパクトではなく、食べ進めるにつれてじわじわと込みあげてくるような、深い味わい

かな甘皮の粒がたくさん見られる、碾きぐるみ（全碾粉《ぜんびきこ》）のそばです。

いざひと口含んでみると、新鮮で上品なそばの香りがフワッとやさしく広がりました。碾きぐるみの十割そばにしてはしっかりとつながっており、プリッとした歯ごたえも楽しめました。薬味としてネギ・ワサビ・大根おろし・トロロイモが付きますが、まずは薬味を使わずに香りを楽しみたい一品です。

残念に感じたのは、少し茹でムラがあったこと。茹で釜が小さいか、茹でるときに麺が充分にほぐれていなかったのではないかと思います。この1点だけ改善されれば、文句なしの十全十美でしょう。

【農匠の郷やくの】福知山市夜久野町平野2150「夜久野マルシェ」定休日／水曜・年始　営業時間／11：00～15：00（土日祝は16：00）　主なメニュー／夜久野高原十割ざるそば・かけそば各1,080円、夜久野高原十割天ざるそば1,580円

ぶちぶちした食感が楽しいコンニャク麺

兵庫18【宿場町ひらふく】
智頭《ちず》急行智頭線　平福駅　徒歩2分

コンニャクイモの収穫量は、群馬県が全国の約90%を占め、圧倒的な首位に君臨しています。2位栃木県、3位茨城県、4位埼玉県と、後続もことごとく北関東勢（農林水産調べ）。しかし、意外なことに兵庫県の【宿場町ひらふく】で、コンニャクを特産としてPRしていました。農林水産統計をひもといても、兵庫県のコンニャクイモ生産量は決して多くありません（全国に占める割合は0・02%程度）。どうやら、佐用町を含む播磨地方で局地的に栽培・製造が行われているようです。

レストランでは、コンニャク粉を練り込んだ中華麺を使用した「名物こんにゃくラーメン」を発見しました。こんにゃくラーメンは、近年ダイエット向けの食品として大手メーカーなども多く製造・販売しています。しかし、【宿場町ひらふく】の名物こんにゃくラーメンは、カロリー表示等によるヘルシーさのアピールがまったくありません。

スープのベースは、あっさりした醤油味。麺も、ありふれた黄色いストレート麺のように見え

特にヘルシーさのアピールはないが、あっさりしていてヘルシーな一杯でもある

ます。しかし、ひと口含んで咀嚼に入ると、コンニャクが口の中でブチブチと弾け、強烈な存在感を発揮します。反射的に「炭酸入り？」と感じたほど。トッピングは、厚切りのチャーシュー2枚とモヤシ、ナルト、青ネギとシンプル。シンプルであればこそコンニャクが的確にスポットライトを浴び、独特な食感に神経を集中できるのです。コンニャク特有の臭み・えぐみはほとんど感じず、ひたすら食感が楽しいラーメンでした。価格も手頃なので、ダイエットとは関係なく一度試してみる価値があると思います。

【宿場町ひらふく】佐用郡佐用町平福988-1
「レストラン」定休日／水曜・年末年始　営業時間／8：30～19：00、主なメニュー／名物こんにゃくラーメン600円、ホルモンラーメン700円、にゅうめん450円

空の駅と道の駅。海カレーを加えて、陸海空をすべて堪能

兵庫30【あまるべ】

JR山陰本線　餘部駅　徒歩10分

鉄道旅を愛する方であれば、JR餘部《あまるべ》駅のすぐ東側にある余部橋梁（鉄橋）はご存じでしょう。訪れたことがある方も多いと思います。しかし2010年8月、余部橋梁は新橋梁の建設と並行して解体され、その役割を終えました。これにより、餘部を訪れる観光客や鉄道ファンも減少してしまうのではないかと懸念されました。ところが、旧橋梁の橋脚（一部）は解体せずに残され、また2013年5月には一部の橋桁を利用した展望施設「空の駅」がオープン。往時を懐かしむ観光客は、今も多く訪れています。また、2012年7月には橋のたもとに【あまるべ】がオープンし、さらに多くの観光客が立ち寄るようになりました。鉄道で訪れる方々は空の駅から降りてきて道の駅に立ち寄り、マイカーでやってくる方々は道の駅から山を登って空の駅を見学します。鉄道駅に併設された道の駅以上に、道の駅と鉄道が密接にリンクされているケースだと言えます。

【あまるべ】の館内には、旧橋梁に関する資料展示コーナー（入場無料）や、旧橋梁にまつわる

「空の駅」(左)と新橋梁。新橋梁は、トンネル手前で大きくカーブしている

グッズ販売があります。また、レストランでも旧橋梁の写真カードがプレゼントされる「鉄橋御膳」(1500円)が人気を集めています。麺類は、そば・うどん・ラーメンというラインナップ。カレーうどんにカキフライをトッピングした「海カレーうどん」が物珍しいので、いただいてみることにしました。

濃い色のカレーの上で、2個の大粒カキフライが威風堂々。注文が入ってから揚げているのでしょうか、アツアツで衣はサクサク、カレーとの相性も最高でした。フライにしている点に、特に工夫を感じました。一般的なカレールウに生や茹でたカキを合わせると、カキの臭みが勝っておいしくないのです。カキフライならば臭みが半減するうえ、カレー全体に臭みが伝播することもなく、また衣の旨味がカキ

アサリは10粒くらい入っていた。青ネギの香りも、アクセントとして効果的

とカレーを絶妙に橋渡しするのです。ちなみに、広島には有名なレトルトカレー「かきカレー」がありますが、カキ特有の臭みをおさえるために専用に調味したルウを使っているそうです。

カレーは、スパイスの利いた辛口。うどんに合わせるカレーとしてはだいぶ辛い部類です。私がこれまでに全国の駅そば店で食べてきた経験から言うと、カレーそば・うどんの辛さは「関西V関東」。その意味では、関西らしいカレーうどんであるように感じました。そして、もうひとつうれしいサプライズ。カレーを食べ進めていると、不意に強い弾力を感じました。これが、なんとアサリ。海カレーという銀幕のなかで、カキフライとアサリが競演していたのです。しっかりと炊き込まれているので、磯臭さ

ありし日の旧橋梁（2007年8月撮影）。複雑に組まれた橋脚のトラスが美しかった

はほとんど感じません。

特徴的なのは、食感です。麺を含めて、全体的にやわらかい食感に統一されているカレーうどんに、強い弾力で一石を投じています。アサリの食感アクセントが、飽き防止に一役買っていると言えそうです。価格も手頃で、セルフサービスのレストランとしては大満足の内容でした。

旧余部橋梁は、１９１２年竣工。約１００年間にわたって山陰地方の陸運を支えるとともに、旅人たちの心を鷲掴みにしてきました。新橋梁そのものには観光客をひきつける風情がないかもしれませんが、空の駅と道の駅の相乗効果により今後の１００年間もこの地がにぎわい続けることを、旧橋梁ファンのひとりとして、そして道の駅ファンのひとりとして切に願います。

【あまるべ】美方郡香美町香住区余部1723-4
「レストラン」定休日／なし　営業時間／11：00～15：00　主なメニュー／海カレーうどん700円、浜うどん650円、ざるそば550円

小麦餅にふすま麺。小麦文化の根強さを感じる道の駅麺

奈良05【ふたかみパーク當麻】

近畿日本鉄道南大阪線　二上神社口駅　徒歩10分

大阪・奈良の府県境付近には、日帰り登山に好適な低山がたくさんあり、私もよく山歩きを楽しんでいます。なかでも、大阪府太子《たいし》町の万葉の森から雌岳・雄岳を縦走して二上《にじょう》神社口へ下りるルートは特にオススメです。近鉄南大阪線上《かみ》ノ太子駅からスタートし、山に入る手前の【近つ飛鳥の里・太子】で準備を整え、山を下りてから【ふたかみパーク當麻《たいま》】で道の駅麺をいただきつつ余韻に浸れるのですから。

【ふたかみパーク當麻】のレストランは、麺類メニューがたいへん充実しています。メニュー名からでは内容が想像しづらいものも多くあります。1品に絞ることはできず、ここでは2品を続けていただきました。

最初に運ばれてきたのは、「けはやそば」でした。昆布出汁が強く香るうすくち醤油仕立てのつゆに、関西にしては色黒で素朴な食感の麺。そして、油揚げのほかに丸餅がひとつトッピングされていました。この地域では、田植えの後に豊作を祈って小麦ともち米で作った丸餅を食べる習

艶々とした純白の餅が視覚にも強く訴えかける「けはやそば」

慣があります。店員さんに聞いてみたところ、けはやそばの餅にも小麦が入っているのだそうです。そして、「當麻といえば、けはやでしょ」とのこと。意味がわからなかったので調べてみると、『日本書紀』に相撲の名手として「當麻蹶速《たいまのけはや》」という人物が登場することがわかりました。ちなみに、道の駅から南へ2㎞ほどのところにある「相撲館けはや座」の敷地内に、當麻蹶速を祀った「けはや塚」があります。

食べてみた印象としては、小麦の存在感はさほど感じませんでした。絹のようなきめ細かな舌触りが印象的な、純粋に上品でおいしい餅です。温かいつゆに浸かっているのでやわらかく、また出汁の風味を身にまとうことでもち米の甘み・旨味が深みを増しているように感じました。

物産コーナーでは、餅のばら売りもある。関西らしい丸餅ばかりで、切り餅はない

2品目は、冷たいうどんをいただきます。野太い自家製手打ちうどんに「ふすま」を練り込んだ、「當麻の家冷しうどん」です（巻頭カラーP6参照）。ふすまは建具としての「襖」ではなく、小麦を精白した後に残る胚芽や種皮などで、ひと言でいえば「糠」です。小麦の糠は茶色をしているので、うどん麺も薄く茶色がかっています。舌触りはうどんの滑らかさがありますが歯ごたえがたいへん強いものでした。一般的なうどん麺よりも甘みが弱く、代わりに香ばしさが印象的。食感・風味とも関東地方の郷土うどん「武蔵野うどん」に近いものの、つけつゆが濃厚な昆布出汁で、また薬味もワサビではなくおろし生姜でいただく点が異なります。キュウリが添えられるのも、個性的な部分です。近畿地方では、このような歯ごたえの強いうどんはなかなか食べられないので、特徴がいっそう強く表れているように感じました。

【ふたかみパーク當麻】葛城市新在家402-1
「當麻の家レストラン」定休日／年末年始　営業時間／9：00～16：00　主なメニュー／當麻の家冷しうどん580円（夏期限定）、けはやそば550円、そうめん500円

第7章

中国

旨味たっぷりなサバの天ぷらと上品なカツオ出汁

鳥取10【若桜】

若桜鉄道若桜線　若桜駅　徒歩5分

若桜《わかさ》駅にほぼ隣接している【若桜】へは、若桜駅の入構券（大人300円、小児無料）を買って構内を通り抜けて行くのがオススメです（徒歩1分）。入構すれば、C12形蒸気機関車や手動式の転車台などを見学できるほか、特定日には体験運転（要予約）も可能。土休日に家族で訪れるのなら、お得な「ファミリー乗車券」も利用できます。大人1人＋小児1人で、760円。若桜鉄道全線乗り放題で、若桜駅の入構料も含まれています。

レストランでは、「さば天うどん」を発見し、食べてみました。サバは青魚特有の生臭さがあるうえ傷みやすいので、麺類のトッピングにはあまり使われません。しかし、JR西日本が鳥取県産の陸上養殖サバ「お嬢サバ」の販売事業に乗り出すなど、サバは鳥取の地域活性化を語るうえで欠かせない食材です。

サバは、臭みを消すために天ぷらに仕立てます。脂がのっていて旨味が濃く、口に含むとすぐにトロリととろけます。脂と衣の油がけんかすることもなく、青魚の香りも出汁によくなじんで

カマボコ2枚、ワカメ、青ネギで彩りも鮮やか。見た目にも食欲をそそる

いました。大葉の天ぷらを1枚添えるのも、香りをなじませるための工夫でしょう。サバは魚のなかでも旨味が強く、比較的安価でボリューム感を演出できます。うどんのトッピングとしてのポテンシャルを高く感じます。

麺は、やわらかいのに芯の部分にコシがあり、少し煮込んだような独特な食感。つゆは塩気が控えめであっさりしていながらも、カツオ出汁が上品に香りました。鳥取では昆布出汁が優位だと思っていたので、少々驚きました。店員さんに尋ねると、カツオとシイタケの出汁をブレンドして深みを出ているとのこと。食中の旨味と食後の爽快感、両方を得られて大満足の一杯でした。

【若桜】 八頭郡若桜町若桜983-2
「桜ん坊食堂」定休日／不定休　営業時間／11：00～15：00　主なメニュー／さば天うどん650円、ざるうどん600円、豚ラーメン600円

季節に応じて楽しみたい出雲ならではのそばとうどん

島根14【湯の川】
ＪＲ山陰本線　荘原《しょうばら》駅　徒歩５分

山陰地方の大動脈・国道９号線に面している【湯の川】では、縁結びの神様・出雲大社から近いこともあり「ご縁」をテーマにした商品を多く見かけます。なかでもハート型のご当地バーガー「斐川《ひかわ》ご縁バーガー」は、若者を中心に大人気。国産肉を１００％使ったパテに出雲市斐川町産のタマネギとトマト、さらには斐川特産の出西《しゅっさい》生姜を使ったソースがおいしいと評判です。

出西生姜は出雲市斐川町の出西地区だけで栽培されているショウガで、固い繊維質がなく、鮮烈な辛味と上品な香りが特徴です。えぐみが少ないので、生で丸かじりしてもおいしいのだそうです。古くから盛んに栽培されていたものの昭和中期頃から他地域の安価なショウガに押され、生産農家が激減。ほかの土地では出西生姜として育たない（普通のショウガになってしまう）と言われていることもあり、たいへん稀少なものになってしまいました。しかし、特産品の復活を図る農家らが「出西生姜組合」を結成し、人気漫画『美味しんぼ』で取り上げられる追い風も吹き、復興に向かっています。【湯の川】の産直コーナーにも、出西生姜の特設コーナーが設けられ

出西生姜に関する説明があるので、勉強にもなる。甘酢漬けを試食できるのもうれしい

ていました。実際に見てみると、普通のショウガよりも小ぶりで、黄色味が濃いように感じます。

ご当地バーガーのほかにも、【湯の川】のレストランには出西生姜を使ったメニューがいくつか用意されていました。店頭の産直コーナーに生の出西生姜が出回るのは8～10月頃ですが、レストランでは通年味わうことができます。私がオススメしたいのは、ショウガとあんが絶妙にマッチングする「出西生姜うどん」。出西生姜の香りがあん全体に広まっているとともに、細かく刻まれたショウガがシャリシャリとした食感のアクセントを加えています。香りの特徴は、ひと口でわかるものでした。辛味だけでなく、ミョウガのようなほろ苦さがあったのです。これは、一般的なショウガにはない風味。苦味があることにより、味わいに奥行きが生まれているように感じました。辛味と苦味のバランスも絶妙。両者がちょうどよい強さで拮抗しているからこそ、最後までおいし

うどん麺は、やわらかいタイプ。あんかけうどんには、歯ごたえが強すぎない麺のほうが合う

く食べられるのだと思います。

具材は、鶏団子（2個）・油揚げ・シイタケ・ニンジン。ショウガと鶏肉との相性がよく、鍋物をつつくような錯覚を覚えます。あんが染みた油揚げも存在感抜群で、出西生姜には旨味の強い食材が合うのだと感じました。もちろん、あんは麺によく絡みます。口に入れる前に3回は「ふー」と息を吹きかけたくなるほどアッアツです。体がポカポカと温まるので、特に冬場に食べたいと感じる一品でした。

一方、暑い夏場にぜひ食べたいのは、出雲名物の「割子《わりご》そば」です（巻頭カラーP6参照）。割子そばは三段重ねの丸い漆器（この容器を「割子」という）にそばを盛り、薬味やつゆを直接入れて食べる出雲の郷土そば。丸い器を使うのは、１９０７年頃に松江警察署長の「四角形だと四隅が洗いにくく衛生的に問題がある」との発議により決まったとされています。三段に小分けするのは、食べ進めるうちにつゆが薄まるのを避けるためなのだそうです。薬味は、刻み海苔・ネギ・もみじおろしが用意されていました。薬味も割子に入っており、計四段重ねで提供されるところが、ちょっと変わっているでしょうか。

甘口のつゆをかけていただくそばは、ほどよい歯ごたえと上品ながら存在感のある香りが口内いっぱいに広がり、とてもおいしいものでした。つゆの味が濃いので、いきなりドバッとかけるのではなく味を見ながら足し算で調節するとよいと思います。私は、これまでに計４軒のそば店で割子そばをいただきました。そのなかで、【湯の川】はもっともつゆが濃く甘いように感じました。このあたりの味加減は店の個性なのでしょう。量はさほど多くないので、夏バテ気味で食欲が減退していてもツルリと食べられると思います。

【湯の川】には無料の足湯や色とりどりの花を観賞できる「花ハウス」などもあり、立ち寄り観光に好適です。食べることを目的にしつつ、買う・見る・休むといった要素も含めて楽しめば、いっそうの充実感が得られるのではないでしょうか。

【湯の川】出雲市斐川町学頭825-2
「レストラン」定休日／不定休　営業時間／9：00～19：00　主なメニュー／割子そば770円、出西生姜うどん800円、天ぷらそば900円

女子サッカーを応援する、冷めてもおいしい焼きそば

岡山11【彩菜茶屋】
JR姫新《きしん》線　林野駅　徒歩5分

道の駅で食事をする場合、多くの方がレストランへ直行すると思います。しかし、実は物産コーナーの弁当類のなかにも、魅力的な商品がたくさんあります。多くの道の駅では休憩室やテーブル席のあるテラスなど、購入した商品を食べられる場所を備えていますので、これらも候補として一考の余地があります。

岡山県美作《みまさか》市は、2015年に開催された女子サッカーのワールドカップ・カナダ大会で日本代表チームのキャプテンを務めた宮間あや選手などが所属する「岡山湯郷《ゆのごう》ベル」の本拠地。ワールドカップでは脚光を浴びましたが、国内のなでしこリーグはなかなか人気が継続せず、各チームは運営に苦労しています。この状況では世界で活躍できる人材がなかなか育たないため、世界一奪還のためには国内リーグの充実が急務だと言われています。

【彩菜茶屋】の物産コーナーでは、岡山湯郷ベルを応援する「湯郷情熱やきそば!!」を販売していました。売り上げの一部が岡山湯郷ベルに寄付される、応援商品です。作り置きなのでアツア

具材は、豚肉・キャベツ・モヤシ。小腹が空いたときにちょうどよいボリューム感だ

ツではないものの、削り粉の香りが食欲をかきたてます。気が利いていると感じたのは、つけ合わせの紅生姜が千切りではなくみじん切りになっていたこと。麺に絡めて食べると、やさしい酸味と辛味がソースの香りによくなじみます。冷めた焼きそばは味が薄く感じ、物足りない印象になるもの。紅生姜をみじん切りにして風味が全体に行き渡るように工夫することで、冷めてもおいしく食べられる焼きそばに仕上がっていると感じました。

　ワールドカップ開催時のみならず常に応援する気持ちを持ち続けることが、日本の女子サッカーの明日を拓くと思います。応援商品を食べることにも、一定の意味があるのではないでしょうか。

【彩菜茶屋】美作市明見167
「彩菜茶屋」定休日／年末年始　営業時間／8：00〜18：00　主なメニュー／湯郷情熱やきそば!! 300円、黒豆うどん510円（レストランメニュー）、力うどん500円（レストランメニュー）

鮮度抜群の「やっさタコ」を、瀬戸内海の絶景とともに味わう

広島16【みはら神明の里】
JR山陽本線　糸崎駅　徒歩10分

広島県三原市では毎年2月に伊勢神宮を祀る「神明祭」が催されることから、国道2号線（三原バイパス）に設置された道の駅も【みはら神明の里】と名付けられました。全国から寄せられた応募のなかから選ばれた名称なのだそうです。

鉄道で訪問する場合、最寄り駅は糸崎駅になります。込み入った住宅地のなかを通り抜け、民家の庭先のようなところにある階段を上がり、畑の畦道のようなところを通ってアクセス。道がわかりにくいので、次ページの地図を参照ください。道中はほぼずっと上り坂なので疲れるかもしれませんが、たどり着いた先にはおいしいグルメや絶景が待っています。

麺類は、1階のレストラン「ルマーダ」にあります。時間帯により扱うメニューが変わり、9～11時はモーニングメニューのみ、11～14時はランチメニュー、14～17時30分はおそがけランチとして一部のランチメニューのみの扱いになります。もっとも選択肢が広いのはランチタイムなので、この時間帯の訪問がオススメです。

私がいただいたのは、三原特産のタコを使った「たこのかき揚げうどん」。三原のタコは「三原やっさタコ」と呼ばれ、水揚げしてすぐに活き締めにし、真空状態で急速冷凍するのが特徴。こうすることで、旨味が詰まっていてやわらかいタコを、年間を通じて安定供給できるのだそうです。ちなみに、「やっさ」という名称は、三原市でタコの日（8月8日）近くに開かれる祭り「やっさ踊り」に由来しています。

糸崎駅から道の駅【みはら神明の里】へ至る道

たこのかき揚げうどんには、三原やっさタコの足先の部分を2本使ったかき揚げとワカメ、カマボコがトッピングされていました。かき揚げにはタコのほかタマネギ・ニンジン・サツマイモが入っています。衣はサクサクではなく、ふんわりとした仕上がり。そのため、野菜のシャキシャキ感やタコの歯ごたえが強調されていました。タコは、コリコリとした食感と、噛むたびに口の中でプチプチと弾ける吸盤のコンビネーションが楽しく、また甘みがしっかりと感じられます。

タコの足をぶつ切りにせず、長いまま使っているのがポイント。食感が強調される

全身のなかで足先が一番おいしいのではないかと感じるほど、味が濃かったのが印象的でした。

麺は、コシが弱く滑らかな舌触りの細麺。大阪うどんに近い印象です。そして、薄味ながら小魚の出汁がよく香るつゆ。加えて、七味唐辛子は「尾道薬味」を用意しています。三原市の隣に位置する尾道市は、古くから薬味がおいしいと評判の街。その秘密は、七味唐辛子に魚粉を加えていること。和風出汁の風味にとてもよくマッチし、辛さとともに旨味も加算されるのです。「ルマーダ」にはこのほか、地鶏の「みはら神明鶏」のカツを豪快にトッピングした「見晴らしラーメン」もあります。「三原市」と「見晴らし」で語呂を合

テラスからの眺め。爽やかな風に吹かれつつ、瀬戸内海の多島美を堪能できる

わせた、面白いメニューです。実際、【みはら神明の里】は見晴らしがよいのですから、なおのことピッタリ合っているように感じます。

窓越しに、瀬戸内海と島々が織りなす美観を眺めながら食事ができます。晴れた日には、見晴らしのよいテラスで食べることもできます。私は、料理は舌だけでなく五感すべてで味わうものだと思っています。眺めがよいところで食べれば、それだけでもおいしさが増すものです。ぜひ、窓際の席かテラスで食べてみてください。

【みはら神明の里】三原市糸崎4-21-1
「ルマーダ」定休日／第3火曜　営業時間／9：00〜17：30（11：00までは朝メニューのみ）　主なメニュー／たこのかき揚げうどん500円、見晴らしラーメン600円、朝うどん400円

やわらかさと旨味・甘みが特徴。阿東和牛の「肉うどん」

山口09【長門峡】

ＪＲ山口線　長門峡駅　徒歩3分

長門峡《ちょうもんきょう》は、桜や紅葉などとともに四季折々の峡谷美が楽しめる観光スポットです。戦前の詩人・中原中也もこの地を訪れ、「冬の長門峡」をしたためました。長門峡の入口には中也の詩碑が建てられています。【長門峡】は、中也の詩碑と篠目川を挟んだ場所にあり、ハイキングついでに立ち寄ることができるたいへん便利な道の駅です。

レストラン「聴秋《ちょうしゅう》」では、阿東和牛を使った料理を楽しむことができます。阿東和牛は、ストレスフリーな環境で丹精込めて肥育されているため肉質のよさに定評があり、県内ばかりか県外の流通業者の間でも人気が高いのだそうです。「ステーキ定食」は、２５００円と少々値が張ります。しかし、「肉うどん」なら７５０円とリーズナブル。

肉うどんには、予想を大幅に上回る量の牛肉がトッピングされていました。肉質がとてもやわらかく、濃厚な甘みがあります。木曽牛を使った【木曽川源流の里　きそむら】の肉うどん（Ｐ１２０参照）と比較すると、質感は木曽牛の方が強く、甘み・旨味は阿東和牛の方が強いように感

麺にはモチモチとした弾力がある。つゆは肉汁と融合して、よりまろやかに仕上がっている

じました。

味付けは、醤油ベースの甘辛系。タマネギだけでなくシラタキも一緒に炊いている点が木曽牛の肉うどんともっとも大きく異なる部分で、同時に「なるほど」と合点がいく部分でもありました。阿東和牛はやわらかいので、少々歯ごたえのあるシラタキを合わせることで肉の質感を引き立たせているのではないでしょうか。一方の木曽牛はしっかりとした食感があるので、タマネギだけと炊き合わせても肉が引き立つのでしょう。

和牛を目いっぱい堪能して長門峡散策のエネルギーを蓄えるもよし、散策後に舌鼓を打って思い出を締めくくるもよし。長門峡を訪れるのなら、阿東和牛を食べない手はなさそうです。

【長門峡】山口市阿東生雲東分47-1
「聴秋」定休日／第2火曜　営業時間／11：00〜19：00　主なメニュー／肉うどん750円、きのこ山菜うどん640円、ざるそば640円

Column ③

道の駅は、海や空にも

道の駅は、国道や県道など交通量の多い道路沿いで新規に建設されることが多いのですが、既存の施設が認可を受けて登録されるケースも多く見られます。鉄道路線が廃止された地域では、鉄道駅舎やその跡地を利用して道の駅に生まれ変わるケースが目立ちます。北海道【おこっぺ】はJR名寄本線興部駅の跡地にあり、鉄道車両を使った休憩所や簡易宿泊所が旅人の人気を集めています。

高速道路のサービスエリア・パーキングエリアやフェリーターミナル、空港がそのまま道の駅に登録されたケースもあります。サービスエリア・パーキングエリアが道の駅を兼ねる場合には、一般道からでも出入りできるようになっています。フェリーターミナルや空港に併設された駅も、駐車場とトイレは24時間利用できます。地方空港は航空機の発着便数が少なく、人の出入りも時間帯が限られます。道の駅に登録してお客さんが常時出入りするようになれば、ターミナル内の各施設を有効活用できます。地域活性化に鑑みて、たいへん意義深いアイデアだと思います。

北関東自動車道壬生パーキングエリアを兼ねた、栃木県【みぶ】

秋田県の大館能代空港も道の駅に登録

第8章

四国

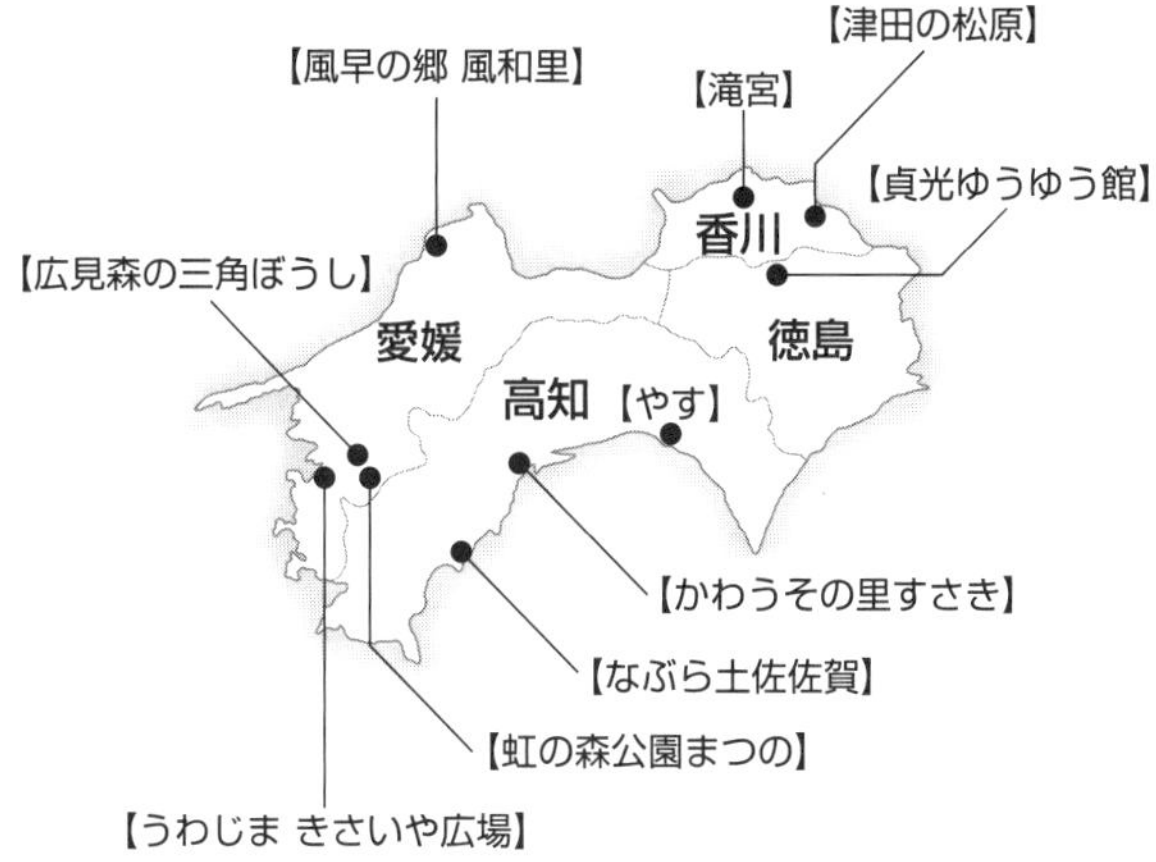

【津田の松原】
【風早の郷 風和里】
【滝宮】
【貞光ゆうゆう館】
香川
【広見森の三角ぼうし】
愛媛
徳島
高知
【やす】
【かわうその里すさき】
【なぶら土佐佐賀】
【虹の森公園まつの】
【うわじま きさいや広場】

おなかいっぱい、ひやむぎのように太いそうめん

徳島01【貞光ゆうゆう館】
JR徳島線　貞光《さだみつ》駅　徒歩8分

徳島県の吉野川中流地域には、江戸時代に吉野川を往来する船頭たちによって伝えられたご当地麺「半田そうめん」があります。一般的なそうめんよりも麺が太いのが特徴で、家庭で食べる際に細く伸ばす手間を省き、太く作られるようになったと言われています。

ところで、うどん・ひやむぎ・そうめんの違いをご存じでしょうか？『広辞苑』では、製麺法においてうどんとひやむぎは同義、そうめんは植物油を使って引き伸ばし、天日で乾かしたものとして区別しています。一方、農林水産省が制定（現在は消費者庁が改訂を行う）する「乾めん類品質表示基準」では、うどん・ひやむぎ・そうめんは太さによってのみ分類するものとされ、『広辞苑』の定義と食い違っています。うどんもそうめんも産地ごとに製法が異なるため、画一的に定義するのは難しいのでしょう。

【貞光ゆうゆう館】の人気メニュー「釜揚げそうめん」は、大きな釜で茹で汁ごと提供されます。断面が楕円形をしていて、太さにも微妙にばらつきがあります。ひと目で「手延べ」だとわかる

高さのある釜で提供される。薬味はおろし生姜・すりゴマ・ネギ

そうめんです。そうめんにしてはかなり太く、「ひやむぎ」のように見えます。しかし乾めん類品質表示基準では、手延べ麺の場合は太さ1・7㎜未満であれば「手延べそうめん」「手延べひやむぎ」のどちらとも名乗れる（機械製麺の場合は、1・3㎜を越えるとひやむぎになる）と規定されているため、これは「そうめん」で間違いないのです。

　食べてみるとツルツルとした喉ごしが気持ちよく、コシはあまりありません。食べ進めるうちにだんだんつゆが薄くなってしまうため、継ぎ足し用のカエシで随時味を調えます。一般的なそうめんよりも麺が太く食べごたえがあるためでしょうか、量が多く感じられ、おなかにズッシリと溜まりました。

【貞光ゆうゆう館】 美馬郡つるぎ町貞光字大須賀11-1
「レストラン」定休日／水曜　営業時間／9：00（日祝は8：30）～18：30（季節変動あり）　主なメニュー／釜揚げそうめん400円、釜玉そうめん480円、とんこつ醤油ラーメン550円

「安くてうまい」食べるほどに味わい深まる讃岐うどん

香川02【津田の松原】

ＪＲ高徳線　讃岐津田駅　徒歩8分

日本の渚百選に選ばれている、津田の松原。白砂青松に赤塗りの太鼓橋が映える、県下有数の観光名所です。松林のすぐ背後には津田石清水《いわしみず》八幡宮と道の駅【津田の松原】があります。八幡宮参拝に松原散策と、多くの観光要素を盛り込みながら立ち寄れる道の駅なのです。そして、食事処「松原うどん」では、クオリティの高いうどんを驚くほど安い価格で提供しています。

入店すると、まず盆を取って麺の注文口へ向かいます。口頭でベースとなる麺（かけうどん、ざるうどんなど）を注文し、麺を受け取った後にセルフサービス形式のトッピングを自分で皿に取り、最後にレジで精算します。トッピングを自分の目で見て、納得したうえで購入できるのが利点です。讃岐のセルフうどん店は大半がこのスタイル（セルフトッピングと麺の受け取りが逆になる場合もある）で、食券制を採用している店はごくわずかです。

驚くべきは、値段とおいしさが両立していることです。かけうどん（小＝1玉）は、なんと200円。それでいて、モチッとしたコシのある麺と清涼感抜群のつゆを楽しめます。加えて、天

トッピングは、かぼちゃコロッケ（60円）とインゲン天（90円）をチョイス。これでも合計350円！

かすは無料。ネギも、自分で量を調節できます（スプーン2杯まで）。比較的細い麺とあっさりしたつゆのコンビで、じっくり味わうというよりもツルッと一気に食べたくなる一杯でした。讃岐のセルフうどん店では麺を手打ちしていることも多く、店によって食感も味わいも異なります。つゆも、出汁の食材や醤油の塩梅が店によって違いますので、食べ比べが楽しいものです。【津田の松原】の近隣にもセルフうどん店がたくさんありますので、ぜひ2軒3軒と食べ比べてみてください。道の駅も讃岐うどんも、巡ることで見えてくるものがたくさんあるのです。

【津田の松原】 さぬき市津田町津田103-3
「松原うどん」定休日／1月1日　営業時間／10：30〜15：00　主なメニュー／かけうどん（小）200円、かけうどん（大）300円、カレーうどん（小）360円

淡い黄色は県産のしるし。うどん大国の未来に想いを寄せて

香川10【滝宮】

高松琴平電鉄琴平線　滝宮駅　徒歩8分

40ページで、讃岐うどんにはオーストラリア産の混合小麦「ＡＳＷ」が多く使われていると書きました。讃岐うどんにおけるシェアは、90％を超えるとさえ言われています。しかし、県産小麦の品種改良も進んでおり、ＡＳＷに対抗できる態勢が整いつつあります。

讃岐うどんは、弘法大師空海の弟子である智泉大徳《ちせんだいとく》が、多くの大陸文化を携えて帰国した空海からうどんの製法を伝授され、故郷である滝宮《たきのみや》で両親にふるまったのが起こりだと言われています。【滝宮】はそのような土地柄の道の駅ですから、こだわりの詰まったうどんをいただけるに違いないと、ワクワクしながら訪問しました。

うどん専門のレストラン「さぬきうどん滝宮」は、駅舎の一番奥にあります。出入口の脇にはガラス張りの打ち場があり、運がよければ迫力ある手打ちシーンを眺められます。残念ながら、私が訪れたときにはすでに打ち終えていました。

ここでは、温かいうどんと冷たいうどん、2品いただきました。まずは、温かい「すだちうど

ガラス越しに見学できる麺打ち場。機械は一切使わず、完全手作業で打っている

ん」から（巻頭カラーP７参照）。すだちうどんは、讃岐ではわりとポピュラーなメニューで、セルフうどん店でも見かけることがあります。スダチは緑色をした酸味の強い柑橘類で、主産地はお隣の徳島県。なんと、全国シェアの約98％を占めています。

首都圏などの飲食店で提供されるすだちうどんは、冷たいうどんにスダチを絞って食べるものが多いようです。しかし本場では、かけうどんにスダチの輪切りをたくさんのせるのが一般的。シンプルでありながら、視覚的なインパクトは絶大です。しばらくつゆに浸しておくことで、スダチの酸味がじわじわと染み出し、瀬戸内海・伊吹島産のイリコを主体とした出汁にマッチして、清涼感たっぷりのつゆを楽しめるのです。麺にはほどよいコシがあり、ツルッと一気に吸い込まれていきそうな喉ごしに驚きます。色味は、漂白したかのような乳白色ではなく、薄く黄色がかっています。実はこの色合いこそ、県産小麦へのこだわりの証です。

長いものは1mほどもある麺。立ち上がらないと箸で掴み上げられないほどだ

使う小麦は、香川県内のみで栽培・生産されている讃岐うどん専用の品種「さぬきの夢」です。2000年に登場した「さぬきの夢2000」は、しなやかでほどよいコシがあると高く評価されました。これにさらなる改良を加え、現在は2009年に開発された後継品種「さぬきの夢2009」が主に流通しています。ASWに比べてたんぱく質の含有量が少ないため製麺に高い技術を要し、また生産量も圧倒的に少ないことから、讃岐うどんにおけるシェアは5%ほど。県では、将来的には10%を目指すとしています。

さぬきの夢を100%使用するほか、厳しい基準を満たしたうどん店には、かがわ農産物流通消費推進協議会より「さぬきの夢こだわり店」

と認定されます。いわば讃岐うどんの三ツ星レストランで、現在14軒のうどん店がこの認定を受けています。「さぬきうどん滝宮」も、このうちの1軒です。

こだわりは、冷たい「天ざるうどん」にも見られました。まず、色合い。さぬきの夢らしい、淡い黄色味を帯びています。そして特筆すべきは、盛り付け方です。三角形を描くように、綺麗に折りたたんで盛り付けています。これは、見た目に美しいというだけでなく、食べやすさという点でも重要なこと。讃岐うどんは1本の麺が長いため、乱雑に盛り付けると麺が絡み合い、箸で取りにくくなってしまうのです。味も、抜群でした。温かいうどんよりもコシが強調され、外側はモチモチと弾力があり、芯の部分はしっかりと噛みしめて味わいます。小麦の甘みと香ばしさが、口の中いっぱいに広がります。カツオとイリコが半々に香るつゆにおろし生姜をちょっと加えていただくと、咀嚼しながら思わず天を見上げてしまうほどの至福を感じます。

ASWにも独自のよさはあると思いますが、私の内面に沸々と湧きあがるナショナリズムは、国産小麦の今後に多大な期待をしています。攘夷ということではなく、ASWと国産小麦がお互いに研鑽して、品質向上に取り組んでいければよいのではないかと思います。レベルアップするためには、ライバルが欠かせないものですから。

【滝宮】綾歌郡綾川町滝宮1578
「さぬきうどん滝宮」定休日／火曜　営業時間／10：00〜15：00、主なメニュー／すだちうどん400円、天ざるうどん760円、生醤油うどん390円

清流の恵み、アオサノリを心ゆくまで堪能

愛媛11【虹の森公園まつの】

JR予土線　松丸駅　徒歩3分

【虹の森公園まつの】は、四万十川の支流・広見川を挟んで、日帰り温泉施設「森の国ぽっぽ温泉」を併設したJR松丸駅と対峙しています。すぐそばに橋が架かっていて徒歩3分ほどで往来できるので、道の駅麺巡りと合わせて良質な温泉も楽しむことができます。裏手の河原に降りれば、松丸駅を発着する列車も眺められます。JR予土線には、外観を0系新幹線に似せた鉄道ホビートレイン、通称「日本一遅い新幹線」が走ります。松丸駅においては、区間列車を除いた1日4便が発着します。到着時間前になると館内にアナウンスが流れますので、これを合図に河原へ降りるとよいでしょう。このほか、施設内には淡水魚水族館「おさかな館」(入館料900円)やガラス工房「かざね」(見学無料)などがあります。釣竿のレンタル(餌付きで200円)を実施しており、広見川での清流釣りも楽しめます。のんびりしたムードのなかに多くの観光要素が詰まっているので、少し時間をかけて過ごしたい駅です。

レストラン「遊鶴羽《ゆずりは》」では、四万十川特産のアオサノリを使ったうどん「青さのりうどん」を

訪問時にやって来たのは、ホビートレインではなくノーマル仕様のキハ32形だった

味わえます。四万十川は「日本最後の清流」と称され、水質がよいため川海苔の名産地として知られています。四万十川産のアオノリやアオサノリは、味や香りが濃く上品で、最高品質だと言われています。

ところで、アオノリとアオサノリの違いをご存じでしょうか？　実はこの2つ、まったく別の品種です。アオノリは伊勢湾などで盛んに養殖が行われていますが、天然ものの主産地は四国の各河川の汽水域（淡水と海水が混ざり合う河口付近）です。数種類あるアオノリのなかで、四万十川にはスジアオノリという品種だけが分布しています。たいへん稀少で高価なものなので、安価な飲食店などにはほとんど出回りません。広く流通しているのは、アオサノリです。食用されるアオサノリは正式名称を「ヒトエグサ」といい、四万十川の汽水域では菌を植え付けたロープを水中に投じる方法で養殖が行われ

錦糸玉子とカマボコで彩りを添える。肉厚のアオサノリは食感も楽しめる

ています。天然のアオノリと比べると風味も食感も劣ると言われていますが、それでもきれいな水で育ったアオサノリは臭みがなく、ほかの地域のものよりも風味が豊かだと評されています。

青さのりうどんには、生のアオサノリがたっぷりとトッピングされ、さらに麺自体にもアオサノリが練り込まれていました。温かいつゆに浸かることでその香りがじんわりと丼全体に行きわたり、最後の一滴まで芳醇に香ります。焼き海苔ではないので香ばしさが先行することなく、また海の海苔に特有の磯臭さや塩辛さがないので、海苔本来の風味にどっぷりと浸れました。アオサノリを練り込んでいるためでしょうか、薄緑色の麺はコシがあるという感じではなく、ズッシリとした重量感のある食感。アオサノリのジャクジャクとした食感との対比も面白く、彩りで添えられた錦糸玉子が邪魔だと感じるほど、アオサノリの香りに没頭したくなる一杯でした。

ガラス工房「かざね」の吹きガラス実演。職人さんの作業を見ると簡単そうに思えるが…

食後には、ガラス工房「かざね」をガラス越しに見学しました。ガラス種を真っ赤に燃えたぎる炉の中に入れ、パイプを吹いて成形する昔ながらの技法で花瓶などを製造しています。原料は、町内で集めたリサイクルガラス。人間の経済活動による排出物をゼロにする取り組み「ゼロエミッション」を意識した工房なのです。吹きガラスの体験も可能（基本料３０９０円。当日予約可能）。眺めるだけでも充分楽しめますが、実際に作品を作れば、よりいっそうの思い出づくりになるのではないでしょうか。

【虹の森公園まつの】北宇和郡松野町大字延野々1510-1
「遊鶴羽」定休日／水曜　営業時間／10：00〜17：00　主なメニュー／青さのりうどん720円、えび天うどん820円、かけうどん520円

ヘルシーな雉肉とヘルシーな麺で、奥行きのある旨味に

愛媛12【広見森の三角ぼうし】
ＪＲ予土線　出目《いずめ》駅　徒歩5分

旅人たちを出迎える巨大な赤鬼像は、「鬼王丸」という名。全国で唯一「鬼」の字がつく自治体・鬼北町《きほくちょう》が、新たな街のシンボルとして２０１５年2月に設置したものです。像の前が車路になっているので、記念撮影をする際には通行車両にご注意を。

「鬼」につながるご当地麺が、レストラン「彩り茶屋」にあります。鬼といえば、桃太郎。桃太郎といえば犬・猿・雉。ご当地麺は、雉肉を使った「キジ米粉ラーメン」です。鬼北町では、近年食用される機会が少なくなったキジの飼育に積極的に取り組み、「鬼北熟成雉」のブランドで地域振興を図っています。２００6年には愛媛県の「『愛』のあるブランド産品」に認定され、その名を広めつつあります。

キジ米粉ラーメンは、米粉で作ったきしめんのような幅広麺に、塩味のスープを合わせたラーメンです。塩味であることには間違いないのですが、ほんのりと醤油の香りもあり、またゴボウを一緒に煮出しているのでしょうか、よい意味での土臭さを感じます。印象としては、ラーメ

サッパリした脂が食欲をそそる。ニンジンとゴボウの千切りで、彩りも添える

ン・うどん・鍋物を足して3で割ったような味わいでした。

雉肉は、サッと湯がいたものをトッピングしています。少々肉質が固くパサつきがあるものの、淡麗な旨味が宿っていました。反面、皮の部分にはネットリとした濃厚な旨味があります。皮から染み出る脂が、あっさりしたスープに奥行きを与えています。淡泊な味わいから想像されるとおり、雉肉は高たんぱくで低カロリーです。また9種の必須アミノ酸がすべて含まれており、ダイエットに適していると同時に健康づくりにも有用なのだそうです。珍しくておいしい雉肉。鬼のイメージとの相乗効果で、今後ご当地グルメとして名を馳せそうな予感がします。

【広見森の三角ぼうし】北宇和郡鬼北町大字永野市138-6「彩り茶屋」定休日／月曜・1月1日　営業時間／9：00～17：00　主なメニュー／キジ米粉ラーメン980円、じゃこ天うどん650円、かけそば250円

キツネ色の都会的な「じゃこ天うどん」

愛媛20【風早の郷　風和里】

JR予讃線　大浦駅　徒歩10分

その名のとおり、強い西風が吹きつける【風早《かざはや》の郷　風和里《ふわり》】。丘の中腹にある大浦駅から訪れる場合には、海に向かって坂道を下りていく間、ときとして息苦しさを覚えるほどの向かい風を受けます。ただ、「風早」とは単に「風が速い」というだけではなく、このあたりの旧郡名（統合・再編により1897年に廃止）に由来しています。さらに、4〜6世紀頃にこの地を治めていた豪族、風早氏までさかのぼることができます。

「花へんろ」は、うどんと郷土料理がメインの、落ち着いた雰囲気のレストラン。この日は、私が一番客。広いフロア全体がいっぺんに見渡せる末端の席に陣取り、愛媛県に来ると病的に食べたくなる「じゃこ天うどん」をオーダーしました。私は、宇和島出身の母のもとに生まれ、幼い頃から頻繁にじゃこ天を食べて育ってきましたので、ちょっとうるさいです。

出てきたうどんを見て、ひと目で南予のじゃこ天とは異なるものだとわかりました。色が、鮮やかなキツネ色というか、赤味を帯びています。とてもやわらかく、ふわふわした食感。白身魚

温かいじゃこ天うどんに大根おろしをのせるのも、南予では見たことがないおしゃれな光景だ

が多く使われているのでしょうか、生臭さや小骨のジャリジャリ感があまりありません。とてもハイカラなじゃこ天で、都会的なセンスを感じました。加えて、イリコ出汁の加減や滑らかな食感の麺も、とても上品でした。

南予のじゃこ天は灰色がかった色をしていて、歯ごたえが強く、青魚の風味が濃厚で小骨が歯に触ります。どちらがよいという話ではなく、食べれば違いが歴然とわかるので、ぜひ南予の道の駅【みま】や【うわじま　きさいや広場】のじゃこ天うどんと比べてみてください。きっと、じゃこ天の奥深さに引き込まれると思います。

【風早の郷　風和里】 松山市大浦119
「花へんろ」定休日／第２第４木曜・年末年始　営業時間／9：00〜18：00　主なメニュー／じゃこ天うどん580円、お茶漬けうどん680円、田舎うどん680円

野菜たっぷり和風のちゃんぽん。これぞ南予のご当地麺

愛媛23【うわじま　きさいや広場】

ＪＲ予讃線　宇和島駅　徒歩10分

国土交通省は、道の駅のほかに「みなとオアシス」の整備も進めています。みなとオアシスは、港湾を中心とした地域振興施設で、港湾管理者などの申請に基づいて認定・登録するもの。２０１５年12月17日現在で全国に90カ所（仮登録４カ所を含む）あり、このうち12カ所が道の駅と重複して登録されています。本書で紹介した【流氷街道網走】（Ｐ44参照）や【わっかない】（Ｐ46参照）、【能登食祭市場】（Ｐ１１４参照）、そして本項で紹介する【うわじま　きさいや広場】も、重複施設です。これらの重複施設には、平均的な道の駅よりも施設規模が大きいという特徴があります。また、重要港湾は市街地近くにあることが多いので、訪問者が多く、いつ行ってもにぎわっています。大型バスが連なってやって来ることも珍しくありません。

【うわじま　きさいや広場】も、規模が大きく見どころが多い駅でした。物産コーナーには屋台形式の鮮魚店が多く連なり、活気があります。大きな円形水槽にはタイやシイラなどが悠然と泳ぎ、買い物ついでにしばし足を止めて眺める方も多数。そして食事処は、４店舗が入店する大規模な

館内の円形大水槽。大きな魚がゆっくり回遊し、ちょっとした水族館気分を楽しめる

フードコートです。県産小麦を使ったピザが人気の「ピザオアシス」を除く3店舗はいずれも海鮮丼や麺類を中心に扱う店でジャンルが似ていますが、各店それぞれに工夫を凝らしたメニューを用意しています。フードコート形式なので、グループで訪問して各人で好みが分かれた場合にも便利です。

私は、「かどや」の「宇和島ちゃんぽん」を食べてみることにしました。南予地方でちゃんぽんというと、八幡浜《やわたはま》を連想する方も多いと思います。しかし、実は大洲《おおず》市や宇和島市にもちゃんぽんを提供する飲食店が多くあり、南予地方全体の名物といっても過言ではないのです。宇和島でちゃんぽんといえば、１８７７年創業の老舗「菊屋」と、１９５５年創業で都内にも郷土料理店を出店している「かどや」が有名。「かどや」は駅前の小さな飲食店に始まり、庶民の間で育まれ、郷土料理店など12店舗を展開するまでに成長しました。【うわじま　きさ

具材がたっぷりで、麺はほとんど見えない。ヘルシーで、食後の満足度も高い一品

いや広場】にも、開駅と同時に出店。セルフサービス形式のフードコートには、B級のイメージを抱く方も多いかもしれません。しかし実際には、高名な老舗が入店しているケースも多くあるものです。

宇和島ちゃんぽんは、長崎のような白濁した豚骨スープではなく、醤油ベースの和風出汁に中華麺を合わせます。出汁はイリコでしょうか、あっさりしていながらもパンチが利いていて、コショウをふりかけると鶏ガラのような風味になります。麺は、喉ごしのよいストレート麺。芯を少し残して固めの食感に仕上げています。豚肉・エビ・イカ・キャベツ・ニンジン・タマネギ・ニラ・モヤシ・キクラゲ・カマボコを炒め合わせてトッピング。野菜をたっぷり摂取できる、ヘルシーなご当地麺です。

私はじゃこ天を入れるのかなと思っていたのですが、姿が見えませんでした。後に宇和島在住の伯父に聞いたところ、宇和島ちゃんぽんと同じように和風出汁で作る八幡浜ちゃんぽんの話として「じゃこ天を入れたちゃんぽんを食べたことがあるが、生臭くてあまりおいしくなかった」とのことでした。また、私が以前に八幡浜でちゃんぽんを食べたときには、店員さんが「豚肉とけんかするから、うちは海の食材を使わない」と話していました。合わないと考える方が多数派なのかもしれません。「かどや」のちゃんぽんには、豚肉と海鮮食材が両方使われています。ただ、エビやイカはじゃこ天ほどスープに味が染み出さず、また量もさほど多くないので、特にけんかするような印象は受けませんでした。むしろ、食感の変化がよいアクセントになっていました。

食後には、宇和島真珠の展示・販売がある「真珠館」や「うわじま牛鬼まつり」で実際に使用される巨大な牛鬼の展示施設「牛鬼館」（ともに入館無料）を見学するのもよいでしょう。じゃこ天の実演販売や、ご当地バーガー「戸島ぶりかっちゃんバーガー」を販売するパン工房もあります。食べる、買う、見る。このすべてが完璧なまでに充実した駅です。一度訪問すれば、二度・三度と繰り返し訪れたくなること間違いなしです。

【うわじま　きさいや広場】宇和島市弁天町1-318-16
「かどや」定休日／木曜　営業時間／10：00～18：00　主なメニュー／宇和島ちゃんぽん750円、じゃこ天うどん550円、ざるそば550円

感動的な濃厚旨味の鍋焼きラーメンと、卵問題

高知13【かわうその里すさき】

ＪＲ土讃線　土佐新荘駅　徒歩６分

高知県須崎市のご当地グルメ「鍋焼きラーメン」は、その名のとおり土鍋で作る煮込みラーメンです。須崎では、鍋焼きラーメンの定義として「親鳥の鶏ガラを使ったスープで作る」「細いストレート麺を使用し、少し固めで提供する」など7つの条件を設定しています。そして、そのすべてをクリアした鍋焼きラーメンが、市内の30以上の飲食店で提供されています。

2階のレストラン「とれた亭」で出てきたのは、土鍋の中でグラグラと沸騰したラーメンでした（巻頭カラーP7参照）。具材は、生卵・青ネギ・ちくわ。麺は確かに、細いストレート麺で芯の残るアルデンテ食感でした。ただし、スープが高温なので食べ進めるうちにちょうどよい固さになります。青ネギは、刻んではなく数㎝の長さにカットされています。感動的においしかったのは、スープでした。親鳥の旨味が余すところなく染み出ていて、味付けはあっさりなのにガツンとくる旨味があるのです。奄美大島の郷土料理「鶏飯《けいはん》」を連想させ、このスープで雑炊を作ったら至福だろうなと感じるほど旨味が濃厚。最後の一滴まで飲み干したくなること間違いなし！

物産店内の水槽では、クリッとした目が愛らしいネコザメなどが飼育されている

問題は、卵をどう食べるかです。地元では、先に崩して食べる、沈めて半熟玉子にする、別皿（土鍋のふたを裏返して皿にする）で溶いてすき焼き風にして食べるという3とおりの食べ方があるそうです。もっともポピュラーなのは、最初に崩すというもの。しかし、これだと最大の醍醐味であるスープ本来の味を楽しめなくなってしまいます。私は、もっとも無難であろう「沈めて半熟玉子」で食べました。しかし、須崎市観光協会が推奨するのは、「すき焼き風」なのだそうです。身震いするほどおいしいラーメンだったので、今後も食べに行くことがあるでしょう。次回は、すき焼き風にチャレンジしてみようと思います。

【かわうその里すさき】須崎市下分甲263-3
「とれた亭」定休日／なし　営業時間／11：00〜19：00（季節変動あり）　主なメニュー／鍋焼きラーメン680円、天ぷらうどん860円、きつねうどん510円

ニラと削り粉。香りのせめぎ合いがたまらない

高知17【やす】

土佐くろしお鉄道ごめん・なはり線　夜須駅　徒歩1分

高知県は、ニラの生産量が日本一（農林水産省調べ）。そして高知県内では、香南市《こうなん》が最多の生産量を誇ります。しかし、その大半が県外で流通しているため、「香南のニラ」はあまり認知されていません。この状況に、香南市観光協会が立ち上がりました。２０１０年に「ニラプロジェクト」を立ち上げ、ニラを使った香南市のＰＲ活動が始まりました。その切り札が、たっぷりのニラのほか、特産品のショウガやごま油を隠し味に使った「香南ニラ塩焼きそば」でした。地域イベントで着々と知名度を上げ、全国レベルでのＰＲ活動に向けて態勢が整いつつあります。現在、市内では13軒の飲食店で香南ニラ塩焼きそばを提供。そのうちの１軒が、道の駅【やす】内のセルフうどん店「うーどる」です。

注文を受けてから鉄板で炒める香南ニラ塩焼きそばは、ニラの香りとシャキシャキ感が際立つ一皿でした。ニラは香りが強く、大量に使えば臭いを気にして敬遠する方が増えるのではないかと懸念されるところ、あえてニラの香りを際立たせたのは、思い切った判断でしょう。私はニラ

付け合わせの紅生姜が、ニラによく合う。塩ダレにもショウガの香りが寄り添う

の香りが大好きですので、この判断にはスタンディング・オベーションを贈りたいと思います。

麺は、太めで断面が丸い、パスタのような形状。どちらかというとタレがあまり絡まない麺で、塩ダレがやや控えめに感じました。そのぶん、ニラの香りが鮮烈に伝わってきます。

ほかの具材は、ニンジン・タマネギ・キャベツ・豚肉。そして仕上げに削り粉をまぶしています。口に入れる瞬間にニラ特有のアリシンの香りがツンと鼻を刺し、次に削り粉の風味が広がり、咀嚼を繰り返すとニラの青臭さが再度逆転して優位に立ちます。この「香りのせめぎ合い」が、とても楽しいメニューでした。

【やす】香南市夜須町千切537-90
「うーどる」定休日／水曜　営業時間／10：00〜18：00　主なメニュー／香南ニラ塩焼きそば450円、ちゅうにちそば500円、かすうどん650円

カツオだけじゃない、土佐の黒潮町ではキノコも特産

高知22【なぶら土佐佐賀】
土佐くろしお鉄道中村・宿毛線　土佐佐賀駅　徒歩8分

高知でグルメといえば、まず思い浮かぶのはカツオのタタキでしょう。特に土佐くろしお鉄道中村・宿毛線の沿線には、カツオ漁が盛んな街が多くあります。【なぶら土佐佐賀】のフードコートは、カツオの藁焼き実演コーナーを併設し、焼きたてをいただけると評判です。最近人気が高まっているのは、ご当地バーガーの「鰹たたきバーガー」。塩気の強いソースで生臭さを解消し、生ハムのように上品な風味に仕上げています。私は【なぶら土佐佐賀】のほか、同じ黒潮町にある道の駅【ビオスおおがた】でも「カツオたたきバーガー」をいただき、どちらもたいへんおいしいものでした。ただ、これは麺類ではありません。カツオのタタキを使った麺類メニューは、どちらの駅でも見当たりませんでした。残念なような、ホッとしたような。

ここで紹介するのは、シメジのかき揚げ天ぷらをトッピングする「なぶら天うどん」です。黒潮町は、海ではカツオ、山ではキノコが特産の街なのです。駅名にもなっている「なぶら」とは、「群れ」を意味する言葉。漢字では「魚群」と書き、漁師たちの間ではカツオの群れを意味します。

麺は、さほどコシが強くない。出汁の香りとよくなじみ、食が進む

駅名は「人が集まるところ」という意味で、天ぷらはシメジの生え方が群れを連想させることからの命名でしょうか。

シメジは、やや焦がし気味に揚げることで歯ごたえが増し、エノキタケのような繊維質を強く感じる食感でした。ほのかな香りが衣の香ばしさとよくマッチしています。また、ニラと一緒にかき揚げにすることで食感・香りの両方を強めています。どことなく韓国料理の「チヂミ」を連想させる天ぷらでした。イリコのまろやかな出汁との相性もよく、「今度チヂミを食べるときには出汁につけてみようかな」と思いました。アオサノリで出汁に香りを、カマボコで彩りを加え、とても華やかな気分になる一杯でした。

【なぶら土佐佐賀】幡多郡黒潮町佐賀1350
「フードコート」定休日／第３火曜　営業時間／9：00〜18：00　主なメニュー／なぶら天うどん600円、カレーうどん650円、鰹たたきバーガー450円

Column ④

これはビックリ！　究極の珍駅

道の駅として登録されるためには、「休憩・情報発信・地域連携」の3要素を満たす必要があります。そのため、登録認可が下りなかった事例も多々あります。兵庫県の「さんなん仁王」は、道の駅の黎明期に社会実験の一環で設置されたものの、駐車場が狭いなどの理由で正式登録されなかった施設です。道の駅ではないのに、社会実験当時の名残で現在も「道の駅」の表示が随所に見られます。

一方、平均的な道の駅より明らかに小規模であるにもかかわらず、正式に登録された駅もあります。沖縄県【喜名番所】には小さな観光案内所があるだけで、物産などの販売はありません。大赤字なのではないかと心配されますが、話を聞いてみると「村内の観光地を紹介でき、足を運んでもらえるので、村としての経済効果は大きい」のだそうです。さらに上を行くのが、長野県【奈良井木曽の大橋】。なんと、駐車場・トイレと園地があるだけで、完全無人の駅です。スタンプは、近くにある奈良井宿の観光案内所と最寄りの駅【木曽ならかわ】で押せます。2駅分のスタンプを押せる【木曽ならかわ】もまた、珍駅です。

【喜名番所】の洗面所は、やちむん（琉球の伝統的な陶器）でできている

【奈良井木曽の大橋】のシンボル、総ヒノキ造りの太鼓橋

第9章

九州

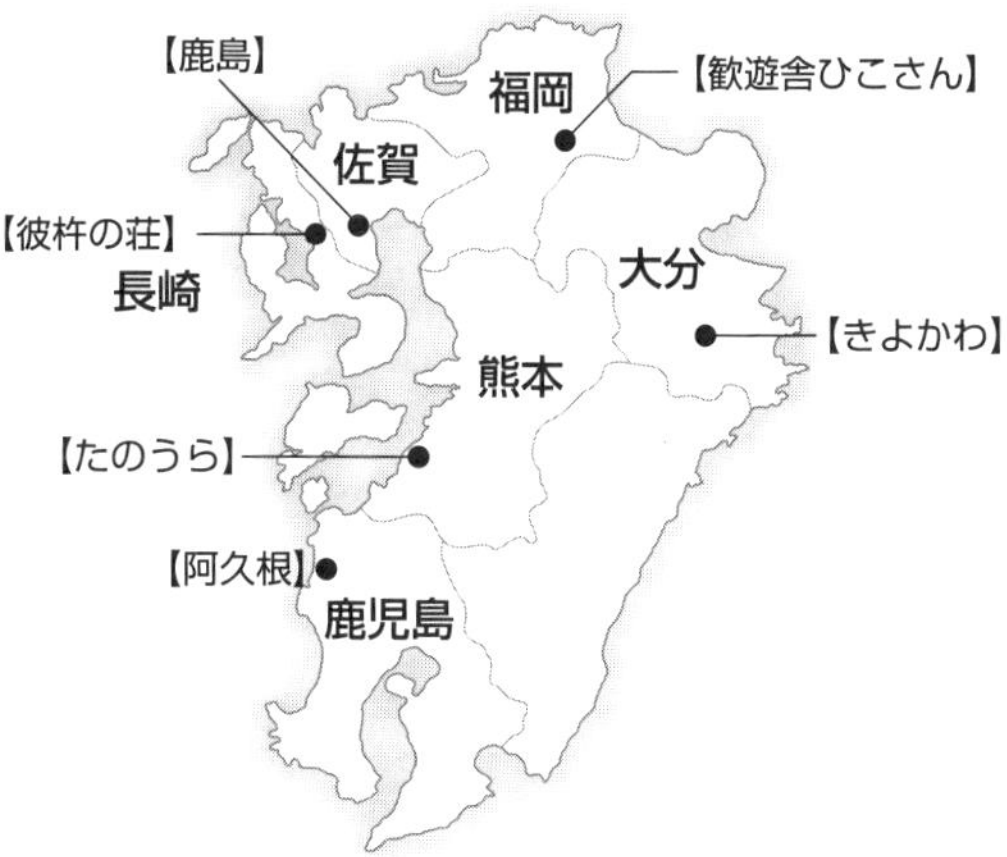
【鹿島】
福岡
【歓遊舎ひこさん】
佐賀
【彼杵の荘】
長崎
大分
【きよかわ】
熊本
【たのうら】
【阿久根】
鹿児島

湧水の里でアユをまるごと一尾、いただきます

福岡09【歓遊舎《かんゆうしゃ》ひこさん】

JR日田彦山線　歓遊舎ひこさん駅　徒歩すぐ

鉄道駅と道の駅を併設した施設の究極形が、【歓遊舎ひこさん】です。道の駅としては、２００5年8月10日に登録・開業。いっぽう鉄道駅は、２００8年3月15日に開業。つまり、道の駅が先にあり、アクセス利便性向上のために後から鉄道駅が設置されたのです。このケースは、現時点ではほかに類を見ません。しかし現状は、マイカー利用のほうが優勢です。マイカーでやって来て、「おっ！　鉄道駅がある」と興味津々にホームに立ち入り、列車の写真を撮って踵を返す。ホームに多くの方が出入りするわりには、乗降客数は少ないのが実情のようです。

麺類は、母屋の端にある「ふかくら庵」で扱っています。英彦山《ひこさん》の麓に位置する清流の里ならではの「鮎そば」の食券を買い、席でしばし待ちます。全国を旅していると、中部地方や近畿地方で鮎そばをよく目にします。特によく目につくのは岐阜県で、今回の取材のなかでも【古今伝授の里やまと】（Ｐ１２４参照）の「なつつばき」で見かけました。いずれ、食べ比べてみたいものです。

鉄道駅入口は端にあり、目立たない。列車の到着音を聞きつけて見に来る人も多い

私は、鮎そばはアユの塩焼きをかけそばにのせたものだと思っていました。私の乏しい想像力では、串に刺して七輪で焼いたアユしか思い浮かばなかったのです。しかし、のっていたのは塩焼きではなく、甘露煮でした。考えてみれば、塩焼きをのせるためには生のアユを焼かなければならず、時間や手間がかかるため値段の高いものになってしまいます。甘露煮であれば、レトルト状態で店舗にて保存が利き、即席調理が可能なのです。なお、インターネットで検索すると、塩焼きのものと甘露煮のものが半々くらい検出されます。手打ちそば店などでは塩焼きが、簡易的な飲食店や通信販売などでは甘露煮が主流のようです。

甘露煮になると、素人が天然ものか養殖ものかを判断するのは難しいです。生であれば、色味やヒレの形などでおおよその見当がつきます。ただ、アユの養殖

ミツバの香りも利いている。徹底的に臭みをなくし、なじみやすい風味に仕上げている

も進化しており、近年では自然界に近い餌を与えて育てた「天然仕上げ」の養殖アユも登場し、目利きは難しくなっています。

客の視点で見た場合、甘露煮をそばにのせる最大のメリットは、食べやすいということです。「ふかくら庵」で使うアユは、圧力をかけてしっかりと炊いてあるようで、頭から背骨からヒレまですべてやわらかく、抵抗なく食べられます。食べられない部分は、なにひとつありません。塩焼きに比べて川魚の風味は劣るものの、この点には強烈な感銘を覚えました。

九州では、そばよりもうどんのほうが優勢というイメージがあります。しかし、麺もまたおいしいものでした。白色の麺には意外な

湧水汲み場。スタンプブック持参で、10ℓサービス。ペットボトルなどを持参しよう

ほどのザラザラ感があり、そばの香りがしっかりと感じられます。小麦のモチモチとした食感ではなく、そば特有のホクッとした強い歯ごたえ。よく見ると、細かな甘皮の粒がたくさんあることがわかります。

つゆは、九州らしく極端に色が薄いもの。ほとんど透明です。しかし、魚介の出汁の香りが渦を巻くように立ちのぼり、そばの香りにしっかりと絡み合い、バランスがとれていました。色は薄いが、出汁は深く強い。これが、九州のつゆの特徴だと思います。

英彦山周辺には良質な湧き水が多く、国道沿いのいたるところに、そして道の駅内にも湧水汲み場があります（いずれも有料）。水が豊かな里で食べる鮎そばは、安いなりに工夫が施されており、大満足の一杯でした。

【歓遊舎ひこさん】 田川郡添田町大字野田1113-1
「ふかくら庵」定休日／年末年始　営業時間／10：30～18：00　主なメニュー／鮎そば700円、椎茸うどん540円、丸天うどん500円

香り広がる麺・出汁・海苔、三位一体うどん

佐賀01【鹿島】

ＪＲ長崎本線　肥前七浦駅　徒歩8分

有明海の干潟を望む道の駅【鹿島】は、鹿島ガタリンピックの会場になっていることでも知られています。鹿島ガタリンピックは、日本一干満差が大きい有明海の干潟を利用してユニークな競技を行うアスレチックイベントです。毎年初夏になるとテレビのニュース番組などでその様子が報道されるので、老若男女関係なく、全身泥まみれになりながら競技を楽しむ映像が記憶に残っている方も多いでしょう。その歴史は意外に古く、２０１５年で31回目を迎えました（２０１1年の第27回大会は、台風接近により中止）。私が小学生の頃から続いているイベントなのです。

干満差の大きさは、実際に訪れるとよくわかります。肥前七浦駅からの道すがら眺めたときには、広大な干潟が広がっていました。しかし、小一時間を【鹿島】で過ごして同じ道を戻るときには一面が海原になっていました。１時間でこれだけ表情が変わるのですから、干潮時と満潮時ではまるっきり別の景色になるのでしょう。

この干満差を活かして行われているのが、海苔の養殖です。海中から海苔ひび（養殖のための

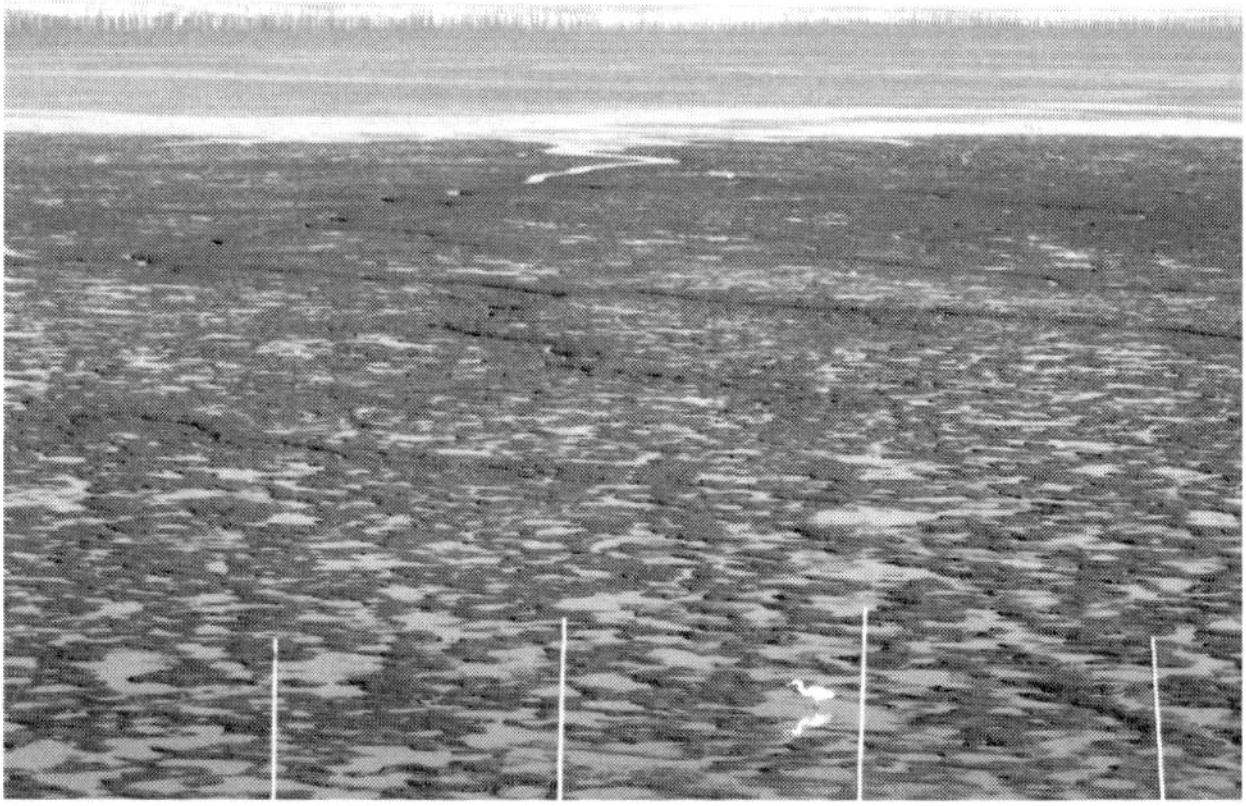
展望室から眺める干潟。水平線近くに、海苔ひびの支柱が連なる

網）の支柱が無数に突き出ている光景は、圧巻。船の通り道がないのではないかと思うほどです。干満差が大きいと、海水と太陽光を交互にたっぷりと吸収できるため、良質な海苔をたくさん収穫できるのだそうです。事実、板海苔の生産量では、1位佐賀、3位福岡、4位熊本と、有明海に面した県が上位にランクしています（2位は兵庫。農林水産調べ）。かつては、有明海に面するもうひとつの県・長崎でも海苔の養殖が盛んでしたが、記憶にも新しい諫早《いさはや》湾干拓事業の影響により、終了しています。

冬場に活躍する「カキ小屋」の一角に窓口を設けたうどんコーナーでは、有明海産の海苔をたっぷりとトッピングした「有明海のりうどん」をいただけます。それも、うれしいワンコイン価格。できあがったのは、板海苔を小さくちぎってかけうどんにトッピングした、

想像以上の、海苔の大群。受け取った瞬間から、自由遊泳が始まる

いわば花巻うどんでした。その特長は、すぐにわかりました。海苔がやわらかく、塊にならずにほろほろと細かくほぐれて、つゆの中を自由自在に泳ぐのです。そのため、麺を箸でつまみ上げると、出汁をたっぷり吸い込んだ海苔が、たくさんくっついてきます。当然、海苔もろとも勢いよくすすり込みます。すると、小麦の甘み、海苔がもつ磯の香り、そしてまろやかな出汁の香りが、口の中には収まりきらないほどに広がります。麺は、九州らしくコシの弱いやわらか麺。やわらかい麺は出汁がよくのるので、ことさら一体感が強調されます。まさに、三位一体のうどんです。「海の家」を連想させるカキ小屋の雰囲気がムードを盛り上げ、一瞬、取材のために訪れているということを忘れました。

飛び出た目だけを水上に出しているムツゴロウ。胸ビレを、腕のように器用に操る

【鹿島】にある食事処は、このうどんコーナーだけ。着席スタイルのレストランはありません。かつて母屋に隣接して営業していたレストラン「むつごろう」は、残念ながら2010年に閉店してしまいました。その建物は、改装して入館無料のミニ水族館と干潟展望施設に生まれ変わりました。水族館には、有明海の生物や各地で採集したクラゲなどが展示されています。もちろん、有明海の人気者・ムツゴロウの姿も。干潟展望コーナーには無料の望遠鏡が設置され、干潟の様子を詳しく観察できます。無料でこれだけ楽しめる道の駅は珍しいでしょう。水族館の運営には人手もお金もかかり大変だと思いますので、できれば入口脇にある募金箱に志納をしましょう。

【鹿島】鹿島市大字音成甲4427-6
「千菜市うどんコーナー」定休日／年末年始　営業時間／11：00〜15：00　主なメニュー／有明海のりうどん450円、まる天うどん450円、ごぼう天うどん450円

激安うどんに、ゆずこしょう投入でギアチェンジ

長崎04【彼杵の荘】

JR大村線　彼杵駅　徒歩7分

長崎県では、皿うどんか長崎ちゃんぽんを食べたいと思っていました。しかし、県内で唯一今回の取材対象となる【彼杵《そのぎ》の荘】では、どちらも扱っていません。お品書きを見ると、麺類はうどんのみ。「この駅は不作か」と、落胆しました。それでも、この日は朝から何も口にしていなかったので、食事メニューが始まる11時を待って入店。取材とは切り離して、単純におなかを満たす目的で「田舎うどん」を注文しました。ところが、これが予想外に印象に残る一杯だったのです。この意外性こそ旅の醍醐味だと、改めて痛感しました。

特筆すべきは、ボリュームと値段、そして薬味のゆずこしょうです。かけうどんにトッピングされていたのは、かき揚げ・油揚げ・ワカメ・カマボコ。そして、セルフサービスの揚げ玉を追加します。このボリューム感で、なんと400円！　平均的な駅そば店よりも安い価格設定なのです。

麺は、九州にしてはコシが強いモチモチ食感。つゆは、油揚げがのっているためでしょうか、

ほとんど麺が見えなくなるくらいの具材感。焦がしめに揚げたかき揚げもおいしい

心地よい甘さがありました。これにゆずこしょうを溶くと、辛味と酸味がバランスよく全体に行きわたり、清涼感たっぷりのつゆに変身します。つゆ本来の風味も楽しみたいので、序盤はゆずこしょうを丼の縁かカマボコの上に待機させておき、ある程度食べ進めたところで満を持して溶くのがオススメです。つゆを2段階で味わうことができ、食後の満足度が格段に高まるのです。万能調味料として首都圏でもすっかりおなじみになった、ゆずこしょう。自宅の冷蔵庫にも、チューブ入りのものをほぼ常時スタンバイしています。刺し身や冷奴、麺類などに合わせていますが、やっぱり本場のものには敵いません。私は、もはや白旗を掲げるしかありませんでした。

【彼杵の荘】東彼杵郡東彼杵町彼杵宿郷747-2
「軽食コーナー」定休日／年始　営業時間／10：00（食事は11：00）～17：00　主なメニュー／田舎うどん400円、かけうどん300円、うどん定食500円

ピリ辛&マイルド塩味なアサリのご当地パスタ

熊本16【たのうら】

肥薩おれんじ鉄道　たのうら御立岬《おたちみさき》公園駅　徒歩7分

九州本土と天草諸島に囲まれた八代海《やつしろ》は、全国有数のアサリの産地です。潮干狩りも盛んで、4～5月の休日には多くの家族連れでにぎわいます。街道沿いには、アサリを使ったちゃんぽんや貝汁を売りにするドライブインもたくさんあります。

国産アサリは、乱獲などの影響で1980年代をピークに漁獲量が減少し、現在は中国や韓国などからの輸入に頼っています。加えて、輸入アサリを国内の浜に撒いた後で採取して国産を謳うケースも多く、産地表示の信頼性も揺らいでいます。この状況に危機感を抱いた八代海沿岸の事業者らにより純国産アサリの養殖場や漁場の整備も進められていますが、資源回復の確たる成果が得られるまでにはまだまだ時間がかかりそうです。

道の駅【たのうら】のレストラン「たばくまん」では、アサリを使ったパスタをいただくことができます。「たのうらパスタ」という名称からは内容が想像できないので、店員さんに尋ねると、「ボンゴレビアンコみたいなものだよ」と教えてくれました。私は、トマトソースよりも塩味のパ

「たばくまん」という店名は、この地方の方言で「おやつ」という意味

スタのほうが好きなので、喜んで注文します。

たのうらパスタは、予想外にボリューミーな一皿でした（巻頭カラーP８参照）。ソースは、ガーリックを利かせた塩味。温泉成分を含んだ自然塩「岬の御塩《おしお》」を使い、まろやかな旨みを演出。そして輪切りの赤唐辛子でピリッとした辛さを加え、全体を引きしめています。麺は中太で、ソースがよく絡むようしっかりと茹でてあります。具材は、アサリ（むき身）・イカ・タコ・エビ。いずれも大ぶりなので、存在感がとても強く感じられました。香りはアサリ、食感はタコが際立っています。量が多く、麺も具材もしっかりと噛みしめて食べるものなので、一皿で充分な満足感を得られました。

【たのうら】葦北郡芦北町大字田浦657
「たばくまん」定休日／第２水曜・年始　営業時間／11：00～15：00（土日祝は18：00）　主なメニュー／たのうらパスタ630円、海鮮焼きそば580円、海鮮チャンポン730円

皿うどんにとり天、とどめはクリーミーな冷奴

大分12【きよかわ】

ＪＲ豊肥本線　豊後清川駅　徒歩6分

長崎では食べられなかった皿うどんとちゃんぽんに、意外にも大分県の道の駅【きよかわ】で出会えました。しかも、「神楽亭」と「鈴らん」の両方で扱っているので、食べ比べも楽しめます。今回は、「神楽亭」で「皿うどん揚げ麺」を食べてみることにしました。メニュー名にわざわざ「揚げ麺」と付け加えているのは、遠方からの訪問者にわかりやすいようにしているのでしょう。皿うどんがポピュラーな九州以外では、うどんの一種だと誤解されやすいのです。皿うどんは、もともとは出前用のちゃんぽんです。こぼれないようにつゆを少なくして、とろみをつけたのが始まりなのだそうです（諸説あり）。見た目が焼きうどんに似ていたことから、皿うどんと名付けられました。その後長崎では揚げ麺が流行し、ちゃんぽん麺に取って代わって現在の形になりました。しかし名称はそのまま引き継がれたため、うどんとは似ても似つかぬものに「うどん」の名が付されているのです。

「神楽亭」の皿うどんは、あんが少し甘めの味付けで、大きめにカットした具材がたっぷり入っ

「とり天うどん」の主役はとり天。つゆに浸すことで、とり天もつゆもよりおいしくなる

たものでした（巻頭カラーP8参照）。特に印象的だったのは、イカです。胴体部分のリングとゲソを両方使い、味覚的にも食感的にも主役格。そのほかの具材は、キャベツ・モヤシ・カマボコ・ちくわ・豚肉など。豚肉は、青椒肉絲に使うような、細切りのもの。食感が強すぎずほかの食材に調和する一方、旨味が抜群でした。芸術的な細麺は、パリパリした食感が心地よく、あんが全体に絡むようにフワッと空気を含ませて揚げてあります。揚げ麺のパリパリ食感があんのとろみに対してコントラストを生み、全体のバランスを整えていました。

大分のご当地麺もご紹介しましょう。舞台を郷土料理店の「田舎八《いなかや》」に移し、大分名物のとり天を使った「とり天うどん」をいただきます。

駐車場入口では、御嶽流神楽に欠かせない猿田彦尊が出迎える

とり天の発祥については諸説ありますが、別府市にあるレストラン「東洋軒」が元祖を標榜しています。昭和初期に考案・メニュー化された「鶏ノカマボコノ天麩羅」がルーツなのだそうです。その後、東洋軒の料理人たちが独立開業したことで別府市内に広まり、１９６０年代には隣の大分市にも伝わりました。

同じ大分県でも、北部の中津市などでは鶏の唐揚げが名物になっています。両者の違いは、衣。唐揚げは唐揚げ粉をまぶして揚げたもので、サクサクの食感です。一方、とり天は小麦粉を卵や水で溶いた衣をつけて揚げるので、ふんわりした食感に仕上がります。

とり天うどんには、揚げたてのとり天が８つもトッピングされていました。腹ペコで訪れたらよだれが止まらなくなりそうな、食欲をかきたてられるビジュアルです。衣がフワッとしていてつゆをよく吸うので、一度つゆに沈めてから食べると出汁の香りが鶏肉の旨味とタッグを組みます。さらに衣の旨味も加わって、口の中で交響曲を奏でるのです。重厚な質感のある麺は、しっかりと噛みしめることで小麦の甘みが躍り始めます。交響曲に合わせて踊るダンサーのように感じました。とり天は旨味が濃厚で、ガツンと食欲を満たす料理です。しかし、清涼感のあるつゆを合わせることで味わいに奥行きが生まれ、飽きがこない一杯に仕上がっていました。そしてうれしいことに、小さな冷奴がサービスされます。とろけるような食感の絹ごし豆腐で、クリーミーな甘みもあり、デザート感覚で楽しむことができました。これは兄弟店の豆腐専門店「とら吉」のもので、大分県産大豆を厳選使用し、丹精込めて手作りしているのだそうです。この豆腐でスイーツが作れそうだなと思っていたら、「とら吉」ではすでに豆乳プリンなどのスイーツ商品も開発・販売しているとのことでした。

【きよかわ】には多くの飲食店があり、食が楽しい駅です。ぜひ、おなかを空かせて訪問したいものです。また、豊後大野市清川町は御嶽《おんだけ》流神楽の発祥地と言われ、敷地内には野外神楽舞台があります。毎年4月の第1日曜には、この舞台で神楽大会が催されます。隣接する神楽会館では、定期一般公演も行われています。おいしいグルメに舌鼓を打ち、伝統芸能にも触れられる。マルチに楽しめる道の駅でした。

【きよかわ】豊後大野市清川町砂田1574-1
「神楽亭」定休日／不定休　営業時間／11：00～15：00（日祝は16：00）　主なメニュー／皿うどん揚げ麺780円、チャンポン850円
「田舎八」定休日／不定休　営業時間／10：00～17：00　主なメニュー／とり天うどん745円、とうふうどん745円

薩摩の宝石・キビナゴを、ダイナミックな姿揚げに

鹿児島05【阿久根】

肥薩おれんじ鉄道　薩摩大川駅　徒歩8分

東シナ海に迫り出したような場所にある、【阿久根《あくね》】。休憩室や展望デッキから大海原を眺めることができ、晴れた日には甑島《こしきじま》列島が望めるそうです。しかし、訪問時には生憎の荒天で、遠望は利きませんでした。それでも、高い波がうねりをあげる迫力満点の景色を楽しめました。レストランからも、東シナ海を望むことができます。入店すると、店員さんはひとり客の私を2人席ではなく窓際の4人席に案内してくれました。空いているときには、人数に関係なく窓際の席に通すことにしているのだそうです。さりげない心遣いに、ほっこりと癒やされます。

鹿児島で海の幸といえば、クリスタルのようにキラキラ光るキビナゴの刺し身を連想する方も多いのではないでしょうか。キビナゴの主産地は、鹿児島・長崎・高知。なかでも鹿児島県の甑島付近や、【阿久根】に近い北薩海域が好漁場になっています。傷みやすく遠方に出回ることは少ないので、当地まで行って味わいたい味覚です。

いただいたのは、キビナゴの姿揚げ天ぷらをトッピングする「きびなご天ぷらうどん」。安価な

カマボコと小ぶりなさつま揚げがトッピングされるのもうれしい

メニューなのでそれほど期待していなかったのですが、配膳されてビックリ。大きなキビナゴが5匹も使われていました。しかも、5匹すべて子持ちでした。揚げたてなので衣がサクサクしていて、独特な生臭さもつゆの香りで中和されます。卵のプチプチ食感も、心地よいアクセントになっていました。九州にしては色の濃いつゆには、少量トッピングされたとろろ昆布の香り・酸味が行きわたっています。香りが、箸で持ち上げたモチモチ食感の細麺を伝って這い上がってくるかのように、いきいきしていました。空は鬱々とした鉛色でしたが、食後には雲ひとつない快晴のような、清々しい気分になりました。

【阿久根】阿久根市大川4816-6
「レストラン」定休日／なし　営業時間／10：00（食事は10：30）～17：30（食事は17：00）　主なメニュー／きびなご天ぷらうどん580円、わかめうどん480円、天ざるそば850円

おわりに

夕方に、土佐くろしお鉄道ごめん・なはり線の田野駅に併設されている【田野駅屋】（ちなみにこの駅名は「田野へ来ぃや」と語呂を合わせてある）にたどり着いたものの、タッチの差で麺類スタンドの閉店時間に合いませんでした。とりあえず物産コーナーで焼きそばを買い、「はぁ、また明日来ないといけないなぁ」と肩を落としつつベンチで腹ごしらえをしようとしたところで、携帯電話が鳴りました。見慣れぬ着信番号に首をかしげつつ出てみると、北海道【しゃり】で出会ったヒッチハイカー・富山雄太さんからの電話でした。ヒッチハイクでの日本縦断旅行を終え、無事に愛知県の自宅に帰り着いたとの報告でした。富山さんは、旅先でお世話になった人々全員に、電話で報告していたのです。この時点で、富山さんと出会ってから約1カ月。お互いの旅の経過などを話し、富山さんは最後に「お互い旅人ですね」と言って電話を切りました。

私は、自分は生粋の旅人であると思っています。しかし近年では、仕事としての取材旅行に出かける機会が多くなり、なかなか気の向くままに自由な旅を楽しむことができなくなってきています。決められた日時に目的地へ行かなければならないなどの制約が多く、インタビューをとるときには不本意な質問をせざるを得ないケースもままあります。

私は、「旅は自由の象徴」だと思っています。細かな予定は立てずに、基本的に行き当たりばったり。丁字路にぶつかったときに右へ行くか左へ行くかは、ぶつかったときに判断する。それが旅の理想形です。やりたくないことを「やらなければならない」、意に反した日時に「行かなければならない」といった使命感・義務感は、旅をつまらなくする最大要因だと思っているのです。近年は、旅に出るときにこの使命感・義務感に縛られてはいないかと、頻繁に自分に問いかけます。その意味でも、富山さんの「お互い旅人ですね」という言葉にはだいぶ救われました。私はまだ自由な旅人であり続けているのだと実感できた瞬間でした。そう吹っ切ることができれば、【田野駅屋】の麺類スタンドの閉店時間に間に合わなかったことでさえ、「おかげで物産コーナーの焼きそばを食べられたではないか」と思えるようになるものです。

さて、本書では、鉄道駅から徒歩10分以内の道の駅で食べられる麺類を紹介してきました。道の駅は、私が大学生のときに産声をあげました。私は18歳で自動車運転免許を取得し、運転が楽しくて仕方ないというタイミングで道の駅に出会い、すぐに虜になりました。私の著書を読んだことがある方は、私に対して「駅そば」のイメージを強くお持ちだと思います。本書のテーマを麺類としたのも、「駅そば」で培った下地があったためです。

では、なぜ道の駅の魅力に引き込まれたのか。それは、「地域性と各駅の個性がある」という、「駅そば」と共通する魅力があったためです。私には、道の駅や「駅そば」のほかにも好きで巡っているものがたくさんあります。今考えてみると、いずれも「地域性」と「各施設の個性」が共存しています。どうやら、この2つがバランスよく融合しているものに、私は底知れぬ魅力を感じるようです。

ページ数の都合もあって本文中では触れることができませんでしたが、道の駅には「生産者の顔が見える」という側面があります。以前に群馬県【中山盆地】を訪れたときの話を例にとってみましょう。私が物産コーナーに並べられたおにぎりを品定めしていると、脇から割烹着姿のおばちゃんが「コシアブラのおにぎりがオススメだよ」と声をかけてきました。このおばちゃんは、自宅でおにぎりを握って、道の駅に出品している方でした。コシアブラは独特な香りがある山菜で、春先に新芽を摘んで食用にします。首都圏にはあまり出回らないものなので、私は稀少なものなのだろうと思っていました。しかし、おばちゃんは「うちの庭先にいくらでも生えてくる」と教えてくれました。

主に産直コーナーなどでは、こういった臨場感のある会話を楽しむことができます。「店と客」という堅苦しい間柄よりも少し距離を縮めた、カジュアルな接し方ができるのです。仮に道の駅が土産物販売とレストランだけで、蝶ネクタイ姿のコンシェルジュが形式ばった挨拶と愛想笑いに終始するような施設であったなら、700駅以上を歴訪するほどのめり込むことはなかったと思います。道の駅には、「駅そば」と同じく〝体温〟が感じられるのです。

道の駅も麺類も大好きな私にとって、取材にあたった3カ月半は、この上ない幸福を感じる期間でした。旅程を合計すると、49泊58日。東京の自宅にいる時間よりも、旅先にいる時間のほうが長いくらいでした。この話をすると、多くの方が「大変だね」とねぎらいの言葉を返します。しかし、大変なのは文章にまとめることであって、取材自体はまったく大変だとは思いませんでした。この生活サイクルを一年中続けたいくらいです。このような文章を書いていると、早く次の旅に出たくてウズウズしてきます。行き先は後でゆっくり考えるとして、取り急ぎ一番列車に乗り込みたい気分です。

拙い文章に最後までお付き合いいただき、ありがとうございました。末筆になりましたが、交通新聞社の編集スタッフの方々、道の駅の運営スタッフの皆様、そして取材・執筆にあたってお世話になったすべての方々に、心から感謝申し上げます。全国津々浦々をせわしなく駆け回ることしか能がない私を、これからもどうぞよろしくお願い申し上げます。

巻末資料　鉄道駅から徒歩10分以内にある全国道の駅一覧

注1)「特典」は、スタンプブック持参による割引サービスなどの有無を示しています。

注2) 扱いのある麺類メニューの「△」は、テイクアウトのみの扱いです。

注3) テイクアウトについては、訪問時品切れ等により記載が漏れている場合もあります。

注4)「うどん」には、きしめんを含みます。

注5)「焼きそば」には、焼きうどん・皿うどん・チャーメン・あんかけ焼きそばを含みます。

注6)「その他」とは、そうめん・にゅうめん・冷麺・各種特殊麺などです。

注7) 記載の情報は、訪問時点（2015年7〜10月）でのものです。

エリア	都道府県	番号	道の駅名	最寄り駅	徒歩	特典	扱いのある麺類メニュー					
							そば	うどん	ラーメン	焼きそば	パスタ	その他
北海道	北海道	12	おといねっぷ	音威子府	2		○		○			
		16	厚岸グルメパーク	厚岸	5	あり					○	
		43	サラブレッドロード新冠	新冠	5	あり	○	○	○	○		
		49	スペース・アップルよいち	余市	8					△		
		57	くろまつない	熱郛	10	あり						
		58	たきかわ	江部乙	10	あり	○	○	○	○		
		70	はなやか（葉菜野花）小清水	浜小清水	0	あり	○	○	○			
		78	とようら	豊浦	10	あり						
		80	むかわ四季の館	鵡川	9	あり	○	○	○	○	○	
		90	鐘のなるまち・ちっぷべつ	秩父別	5	あり	○	○	○			
		97	びえい「丘のくら」	美瑛	3	あり		○	○		○	
		100	しゃり	知床斜里	4							

北海道	北海道	101	パパスランドさっつる	札弦	8	あり		○				
		105	流氷街道網走	桂台	8		○	○	○		○	
		111	夕張メロード	新夕張	2	あり						
		114	わっかない	稚内	0	あり	○	○	○	○		
東北	青森	1	しちのへ	七戸十和田	5		○	○	○			
		12	いまべつ	津軽二股	0			○	○			
		15	浅虫温泉	浅虫温泉	1	あり	○	○	○	△		
		16	いかりがせき	碇ケ関	2	あり	○	○	○			
		17	いなかだて	田んぼアート	5		○	○	○	△	○	
		23	つるた	鶴泊	5	あり	○		○	○		
	岩手	2	高田松原	奇跡の一本松	3	現在休業中						
		3	区界高原	区界	3	あり	○	○	○			○
		7	のだ	陸中野田	0	あり	○	○	○			
		13	みやもり	宮守	10		○		○			
		16	やまだ	岩手船越	10	あり	○	○	○			
		30	くじ	久慈	7							
	宮城	5	大谷海岸	大谷海岸	0	あり	○	○	○		○	
		8	あ・ら・伊達な道の駅	池月	2	あり	○	○	○			
	秋田	6	かづの	鹿角花輪	10	あり	○	○	○			
		15	岩城	岩城みなと	3		○	○	○			
		18	さんない	平石	5	あり	○	○	○			

東北	秋田	19	おおうち	羽後岩谷	2	あり	○	○	○		○	
		20	あに	比立内	8	あり	○	○	○			
		26	十文字	十文字	10		○	○	○	○		
	山形	16	尾花沢	芦沢	3		○	○	○			○
	福島	12	にしあいづ	野沢	8	あり	○	○	○	△	○	
		25	奥会津かねやま	会津中川	3	あり	○					
関東	茨城	5	奥久慈だいご	常陸大子	10		○	○	○			
	栃木	9	どまんなかたぬま	吉水	10		○	○	○	○	○	
		15	湯西川	湯西川温泉	0		○	○		△		
		17	にしかた	東武金崎	8		○	○				
		23	日光	今市	6		○	○				
	群馬	13	月夜野矢瀬親水公園	上毛高原	10			○	○			
		16	しもにた	千平	10		○	○	○			
	埼玉	12	ちちぶ	秩父	5		○	○				
		14	果樹公園あしがくぼ	芦ヶ久保	2		○	○	○		○	
		19	みなの	親鼻	5			○				
	千葉	23	和田浦WA・O！	和田浦	8		○	○			△	
	長野	3	信越さかえ	森宮野原	7		○	○	○			
		8	白馬	神城	8		○	○	○			
		13	安曇野松川	細野	4		○	○	○			
		19	小谷	北小谷	10		○		○			

北陸	新潟	8	関川	越後下関	9				○			
		11	笹川流れ	桑川	0				○			
		16	まつだいふるさと会館	まつだい	0		○	○	○			
		17	越後市振の関	市振	9		○	○	○			
		18	クロス10十日町	十日町	10		○					○
	富山	9	うなづき	下立	7							
		11	ウェーブパークなめりかわ	滑川	8		○	○			○	
	石川	19	能登食祭市場	七尾	10		○	○	○		○	
中部	長野	26	日義木曽駒高原	原野	7		○	○	○			
		28	奈良井木曽の大橋	奈良井	8							
		41	木曽川源流の里 きそむら	藪原	2		○	○	○			
	岐阜	1	美並	木尾	6		○	○	○			
		7	白鳥	白山長滝	6		○	○				
		22	きりら坂下	坂下	10		○	○		△		
		25	飛騨街道なぎさ	渚	10		○	○	○		○	
		28	織部の里もとす	織部	2		○	○				
		33	古今伝授の里やまと	郡上大和	8		○	○	○			
	静岡	6	フォーレなかかわね茶茗館	駿河徳山	10							
		8	奥大井音戯の郷	千頭	1						○	
		10	川根温泉	川根温泉笹間渡	5		○	○	○			
		15	開国下田みなと	伊豆急下田	10							

中部	静岡	19	伊豆のへそ	田京	8		○	○	○		○	
	愛知	3	田原めっくんはうす	三河田原	10		○	○	○	○		
		15	藤川宿	藤川	1		○	○				
		16	もっくる新城	三河東郷	10		○		○	△		
	三重	2	菰野	中菰野	3							○
		4	パーク七里御浜	阿田和	2		○	○	○			
		9	奥伊勢おおだい	三瀬谷	5		○	○	○	○		
		11	関宿	関	2		○	○	○	○		
近畿	福井	2	九頭竜	九頭竜湖	0		○	○				
		11	西山公園	西鯖江	3		○	○	○		○	
		14	一乗谷あさくら水の駅	一乗谷	10		○	○			○	
	滋賀	13	藤樹の里あどがわ	安曇川	10		○	○	○			
	京都	8	農匠の郷やくの	上夜久野	7		○	○				
	兵庫	18	宿場町ひらふく	平福	2		○	○	○			○
		30	あまるべ	餘部	10		○	○	○			
	奈良	5	ふたかみパーク當麻	二上神社口	10		○	○	○		○	○
		8	宇陀路室生	三本松	5		○	○				
		10	大和路へぐり	平群	10			○				
	和歌山	22	なち	那智	0			○		△		
中国	鳥取	5	はっとう	徳丸	6			○				
		10	若桜	若桜	5			○	○			○

中国	島根	7	大社ご縁広場	出雲大社前	5							
		13	キララ多伎	小田	10		○	○	○			
		14	湯の川	荘原	5		○	○				
		16	秋鹿なぎさ公園	秋鹿町	8							
		22	インフォメーションセンターかわもと	因原	5		○	○	○		○	
	岡山	3	あわくらんど	あわくら温泉	10		○	○	○		○	
		11	彩菜茶屋	林野	5			○		△		
	広島	15	たけはら	竹原	8							
		16	みはら神明の里	糸崎	10			○	○	△		
	山口	1	阿武町	奈古	10		○	○				
		9	長門峡	長門峡	3		○	○				
		11	おふく	於福	2			○				○
四国	徳島	1	貞光ゆうゆう館	貞光	8			○	○		○	○
		3	宍喰温泉	宍喰	10		○	○				
		12	日和佐	日和佐	0					△		
	香川	2	津田の松原	讃岐津田	8			○				
		10	滝宮	滝宮	8			○				
		18	源平の里むれ	房前	4							
	愛媛	5	ふたみ	伊予上灘	5						○	
		11	虹の森公園まつの	松丸	3			○			○	
		12	広見森の三角ぼうし	出目	5		○	○	○			

四国	愛媛	20	風早の郷 風和里	大浦	10			○				
		21	みま	務田	10			○				△
		23	うわじま きさいや広場	宇和島	10		○	○	○			
	高知	13	かわうその里すさき	土佐新荘	6			○	○			
		17	やす	夜須	1			○	○	○		○
		19	田野駅屋	田野	0		○	○	○	△		
		20	ビオスおおがた	浮鞭	8			○				
		22	なぶら土佐佐賀	土佐佐賀	8			○				
九州・沖縄	福岡	9	歓遊舎ひこさん	歓遊舎ひこさん	0	あり	○	○		○		
	佐賀	1	鹿島	肥前七浦	8	あり		○				
	長崎	4	彼杵の荘	彼杵	7			○				
	熊本	16	たのうら	たのうら御立岬公園	7	あり	○	○	○	○	○	
		19	阿蘇	阿蘇	0					△		
	大分	12	きよかわ	豊後清川	6		○	○	○	○		
	鹿児島	5	阿久根	薩摩大川	8		○	○				
		14	たからべ	財部	10	あり	○	○		△		

鈴木弘毅（すずきひろき）
1973年、埼玉県生まれ。中央大学文学部卒業。駅そば、道の駅、スーパー、健康ランドなど旅にまつわる様々なB級要素を研究し、独自の旅のスタイルを提唱、雑誌などに情報を寄稿する「旅のスピンオフ・ライター」として活動。これまでに巡った駅そば店（駅周辺を含む）は約2500軒、道の駅は約700駅。著書に、『東西「駅そば」探訪』『ご当地「駅そば」劇場』（交通新聞社）、『全国駅そば名店100選』（洋泉社）など。

交通新聞社新書092
鉄道旅で「道の駅“ご当地麺”」
全国66カ所の麺ストーリー
（定価はカバーに表示してあります）

2016年3月15日　第1刷発行

著　者――鈴木弘毅
発行人――江頭　誠
発行所――株式会社　交通新聞社
http://www.kotsu.co.jp/
〒101-0062　東京都千代田区神田駿河台2-3-11
NBF御茶ノ水ビル
電話　東京（03）6831-6550（編集部）
東京（03）6831-6622（販売部）

印刷・製本―大日本印刷株式会社

ISBN 978-4-330-65816-2